NOS HOMMES D'ÉTAT

CALMANN LÉVY, ÉDITEUR

DU MÊME AUTEUR

Format in-8.

Une académie sous le Directoire........... 1 vol.
Dieu, Patrie, Liberté...................... 1 —
Le Gouvernement de M. Thiers.............. 2 —
Souvenirs du 4 Septembre.................. 2 —
Thiers, Guizot, Rémusat.................. 1 —

Format grand in-18.

Dieu, Patrie, Liberté...................... 1 vol.
Le Gouvernement de M. Thiers.............. 2 —
Souvenirs du 4 Septembre.................. 2 —

Petit format in-8.

L'Affaire Nayl............................. 1 —

BOURLOTON. — Imprimeries réunies, B, rue Mignon, 2.

NOS

HOMMES D'ÉTAT

PAR

JULES SIMON

PARIS

CALMANN LÉVY, ÉDITEUR

ANCIENNE MAISON MICHEL LÉVY FRÈRES

3, RUE AUBER, 3

—

1887

Plusieurs de mes confrères viennent de publier
des recueils d'articles. Je fais comme eux, après
avoir hésité longtemps. Je réunis dans ce volume
les articles du journal *le Matin*, que j'ai consa-
crés à nos principaux hommes d'État. J'aurais
voulu mettre plus d'art dans ces portraits ; mais
je crois qu'à défaut d'autre mérite, ils ont celui
d'être ressemblants. On me reprochera peut-être
un peu d'indulgence. Je ne m'en défends pas.
J'ai le goût de l'admiration, et je m'efforce toujours de voir les hommes et les choses par leur
beau côté. C'est un défaut de la jeunesse que
j'ai conservé dans l'âge mûr.

J. S.

PROLOGUE

I

LA PATRIE

Nous étions bien malheureux en 1870. Nos malheurs ne firent que se développer et s'accroître pendant la Commune. Il semblait que la France fût perdue. Elle ne savait pas s'il lui restait une armée. Le sol était dévasté, les routes défoncées, les ponts effondrés, toutes les caisses épuisées, toutes les familles en deuil. Nulle autre autorité qu'une Assemblée où tous les partis étaient représentés par des violents ou des aveugles. A la tête des départements, des préfets pris au hasard, ou choisis surtout pour leur républicanisme, sans aucun souci de leurs aptitudes, et qui ne cachaient pas leurs défiances pour une Assemblée où les monarchistes dominaient. On ne pouvait pas même dire que l'insurrection fût circonscrite dans Paris. Le Midi s'agitait; Marseille était en feu. L'ennemi était à quelques kilomètres de nos députés et de nos soldats, assistant à la lutte avec d'âpres convoitises, et menaçant chaque jour de jeter son épée dans la balance. Enfin on pénétra dans Paris; mais il sembla, dès la première heure, qu'on n'y rentrait que pour assister à sa destruction. Les insurgés brûlaient Paris pour l'ôter à la France; les Russes, dans un sentiment tout contraire, avaient brûlé Moscou pour l'ôter aux ennemis de la patrie.

Et que faisaient, pendant ce temps-là, les partis qui déchiraient l'Assemblée et la France? Ils s'injuriaient, conspiraient, se disputaient la prépondérance, harcelaient le gouvernement, surexcitaient la colère des rebelles par des menaces et des rigueurs hors de saison, ou, ce qui était honteux et criminel, leur jetaient des paroles d'encouragement et attisaient le feu d'une guerre civile qui était en même temps une guerre sociale.

Nous sortîmes cependant de cette horreur et de cette nuit. Nous vîmes la paix intérieure renaître, l'ennemi, gorgé d'or, repasser les frontières, — hélas! les nouvelles frontières, — l'armée reprendre sa cohésion, sa discipline, son esprit, les administrations se remettre en mouvement, reconnaître et appliquer les principes de l'autorité, sans lesquels il n'y a pas de peuple, les ruines disparaître, les ateliers se remplir de mouvement et d'activité, la terre donner ses moissons, l'impôt couler régulièrement, l'emprunt énorme se couvrir, l'espérance descendre dans les âmes. Ce fut un spectacle émouvant et grandiose, où éclatait la force de la France, jusque dans l'excès de son malheur. A qui faut-il reporter la gloire de cette résurrection? A un parti? A un homme? Non. Je ne veux pas rappeler ici les services incomparables de celui qu'on a si justement nommé le libérateur. La France doit son salut à la France, au souffle puissant de patriotisme qui s'éleva de toutes parts, qui fortifia les faibles et centupla la force des forts. En ces tristes mais fécondes années, la France fut aimée, et c'est parce qu'elle fut aimée qu'elle fut sauvée. Le gouvernement avait à créer lui-même toutes les forces par lesquelles vit un gouvernement. Il n'avait ni la tradition, ni le vote populaire : il n'avait pas même la feuille de papier qu'on appelle une constitution. Il tirait toute sa puissance de sa faiblesse ; je veux dire de l'imminence et de l'énormité du péril. L'Assemblée, malgré ses désordres, la France, malgré son désespoir, n'écoutaient que la raison quand on leur faisait clairement comprendre que la patrie était en danger. Alors aucun sacrifice ni aucun ajournement ne leur pesaient. Le patriotisme nous a sauvés de l'ennemi, en nous sauvant d'abord de nous-mêmes.

Pourquoi faut-il que cette flamme soit aujourd'hui moins brûlante ? J'ai beau chercher : je ne retrouve plus ces hautes pensées, cet esprit de sacrifice, ce désintéressement sans bornes qui ont illustré les premières années de la République. La haine et l'ambition ont repris le dessus. Je ne vois plus que des coteries et des vilenies. S'il reste un drapeau commun, c'est le drapeau d'une secte ; ce n'est pas celui de la France, le glorieux drapeau, le drapeau chéri sous lequel tous les Français doivent et peuvent se rallier.

Voilà, par exemple, l'expédition du Tonkin, cette seconde édition du Mexique. Dans cette longue guerre, qui engageait tant d'intérêts présents et futurs, la Chambre n'a jamais envisagé qu'une ridicule querelle de portefeuille. Il y avait, je le reconnais, des courageux et des clairvoyants qui se préoccupaient de la patrie; mais ce n'est pas leur parole qui entraînait la masse des votants. On obéissait tantôt à un enthousiasme sans prétexte, tantôt à une colère sans mesure. Les grandes choses mêmes deviennent petites par la petitesse des âmes.

Remontons quelques mois plus haut. Prenons la loi sur le recrutement de l'armée. Il est bien difficile, ou plutôt il est impossible qu'on attende de cette loi une armée aussi bien encadrée, et par conséquent aussi forte que l'armée actuelle. La France, par cette loi, s'affaiblit. Elle augmente ses chances de défaite en cas de guerre européenne. Mais cette loi d'abaissement est démocratique, égalitaire, hostile au clergé. Cela suffit. Elle passe sans difficulté en 1885. Jamais une chambre française ne l'aurait votée il y a quinze ans, il y a dix ans.

Un des traits caractéristiques de la politique de ces derniers temps, ce sont les épurations : épurations dans le gouvernement qui ont abouti à réduire tellement le personnel gouvernemental,

que nous n'avons tout au plus que deux ministères de rechange; et quels ministères? ce qu'on
appelle au théâtre des troupes de fer-blanc; épurations dans l'administration, qui ont blessé des
droits acquis, ce qui en soi est déplorable, mais
qui surtout ont remplacé l'expérience par la té-
mérité, le talent par l'incapacité. Il est manifeste
que la France y perd : car le premier intérêt d'un
pays est d'être servi par l'élite des intelligences.
Quel est le prétexte? Un prétexte qui est un aveu.
Remplacer partout les douteux ou les tièdes par
de fermes républicains. Ce prétexte même est-il
bien sérieux? Où commence, pour les épurateurs,
le républicain? Est-ce au 10 août? au 12 septembre? au 31 mai? Qui êtes-vous, vous qui nous
frappez? Combien êtes-vous? Où nous menez-
vous?

Quelle est la raison d'être des laïcisations? On
invoque la liberté de conscience. La conscience
de qui? Ce n'est pas celle des catholiques ; ce n'est
donc pas celle de la majorité. C'est une minorité, et une minorité très minime, qui impose la
laïcisation. En vérité, cela est plaisant! Mais
quand ce serait la majorité? La maladresse serait
moindre, l'injustice serait égale. Ceux qui in-

voquent sincèrement la liberté de conscience pour
ôter des établissements de l'État tout vestige de
religion, ne savent pas ce que c'est que conscience,
liberté et philosophie. Ils ressuscitent, sans s'en
douter, le principe de l'inquisition, le principe
de la révocation de l'édit de Nantes.

Cette liberté prétendue, qui aboutit à une proscription, est bien digne des épurateurs. Ils se
disent libéraux, et ils ne sont que fanatiques.

Vous avez amnistié la Commune : je dis bien,
la Commune. Quand les amnistiés reviennent avec
toutes leurs passions et toutes leurs doctrines, ce
sont leurs doctrines mêmes qui reviennent. Si
vous aviez fait grâce, j'applaudirais ; si même vous
aviez amnistié ceux qui se soumettaient, qui re-
connaissaient leur erreur, j'approuverais encore.
Mais non. Vous avez amnistié des belligérants. Vous
avez renié votre victoire de 1871, vous vous êtes
associés à ceux qui la maudissent, à des condamnés qui condamnent leurs juges. Vous avez com-
promis l'intérêt social, l'intérêt de la France,
pour l'intérêt d'une élection ou d'un portefeuille.

Qu'avez-vous fait de nos finances ? Le premier
devoir du gouvernement était l'économie. For-

mer les régiments et remplir les coffres, voilà le premier devoir, le devoir étroit d'un peuple qui, ayant été vaincu, veut remonter à son rang. Je n'appelle pas faire des économies, rogner, comme vous l'avez fait, quelques millions sur des employés déjà misérables. Il fallait refuser à vos électeurs des dégrèvements que l'état du Trésor n'autorisait pas, loger les écoles dans des maisons modestes, ajourner tout au moins la fondation d'un empire colonial, qui prend deux fois, par l'homme et par l'argent, le meilleur sang de nos veines. Comment dormir en paix, après 1870, quand on n'a pas dans ses casernes une forte armée, dans ses arsenaux un matériel complet, dans son Trésor des réserves suffisantes? Ah! je le dis avec une profonde tristesse : vous oubliez trop la patrie.

Dieu! Patrie! Liberté! J'ai poussé un jour ce cri qui résume toutes les aspirations de mon cœur. Pourquoi les artistes et les poètes ne racontent-ils pas la gloire et les malheurs de la patrie? Pourquoi n'était-ce que moi? Où étaient les maîtres de la pensée, les maîtres des foules? Pourquoi les enfants dans leurs écoles, les soldats dans leurs régiments, les ouvriers dans leurs ateliers, pourquoi tous les citoyens, pourquoi toutes les femmes ne répètent-ils pas la même leçon? Où est le sublime élan des guerres de la République? Est-elle tarie, la source des grands sentiments, la source du désintéressement et du sacrifice? La patrie! Nous l'avons tous aimée, quand elle était heureuse, et nous devons tous l'adorer quand elle souffre! Dieu! Patrie! Liberté! Nous ne pouvons pas retrancher un mot de cette trinité, sans abandonner une partie de notre histoire, sans faillir à nos destinées, sans mutiler moralement la France. Il est bon, il est nécessaire de veiller sur l'administration, les finances, l'armée; mais il faut surtout veiller sur nous-mêmes, sur nos esprits, sur nos cœurs; penser aux forces morales, qui sont les grandes forces. Le scepticisme qui nous envahit en politique, en religion, en philosophie, dans les arts, dans les lettres, est une blessure plus mortelle que celles de 1871.

II

LE SUFFRAGE UNIVERSEL

Quelle est, en ce moment et en ce pays, la dupe la plus dupée, la plus ouvertement, la plus scandaleusement, la plus incontestablement dupée? C'est le peuple, morbleu! c'est le suffrage universel.

On dit au peuple :

— Ne va pas laisser recommencer les vilenies de l'Empire, qui te donnait, en apparence, le droit de voter, et qui, en réalité, t'imposait ses candidats officiels.

— Qu'on y revienne, répond le peuple! Si le préfet s'avise d'avoir un candidat, c'est justement pour celui-là que je ne veux pas voter. Je ne suis pas souverain pour être mis en tutelle, mais pour choisir mes mandataires par moi-même, sans subir les ordres ni les conseils de qui que ce soit.

— Tiens, lui dit-on, voilà la liste que nous t'avons faite à Rennes, ou à Paris, ou à Châlons. Aie bien soin de voter pour elle sans y rien changer. Mets-la dans ton coffre, à côté de ta carte d'électeur; et, le moment venu, quelles que soient les sollicitations et les intrigues dont tu seras entouré, dépose-la bravement dans l'urne, pour assurer ton pouvoir et confondre tes ennemis.

—Parfaitement, dit-il, je ne la regarderai même pas. Il suffit qu'elle soit l'œuvre du comité. Il y a regardé de près, n'est-il pas vrai? Il a fait un programme qui est le mien. Il a fait connaître mes volontés aux candidats. Il les a interrogés, il les a écoutés, il les a triés. Sa liste est une bonne liste. En tout cas, c'est celle que je préfère. Les réactionnaires voudraient bien me voir me livrer à mes fantaisies, effacer un nom, en écrire un autre, parce que je diminuerais d'autant les chances de mes candidats. Mais je ne ferai pas leur jeu. Je voterai en bloc, les yeux fermés, pour la liste du comité telle qu'elle est; on verra si je suis le maître!

Il le fera comme il le dit. Je ne dis pas qu'il ait tort, ni qu'il lui soit possible de faire autrement. Je me demande quel rôle il joue dans les élections, quelle est sa part de responsabilité dans le choix des députés; et à cela je réponds, ou plutôt c'est l'évidence qui répond pour moi, que le peuple choisit entre la liste républicaine et la liste réactionnaire, mais qu'il ne choisit pas entre les candidats qu'on met sur sa liste. C'est lui qui décidera si la Chambre prochaine sera républicaine ou monarchique; mais ce sont ses comités qui décident que M. Pierre ou M. Paul sera député. Quant à lui, peuple, il n'est pas juge du débat entre M. Pierre et M. Paul. Il avait peut-être, avant la décision du comité, un favori; mais il ne pense plus à lui, si le comité l'a écarté; de même, il a peut être une bête noire, mais qu'y faire? Le comité l'a inscrite sur sa liste; qu'il ait eu tort ou non, elle y est; il faudra bien voter pour elle. La discipline le veut, et sans discipline, il n'y a pas de victoire.

Quelle est la conséquence de ces faits incontestables? Que le peuple n'est pour rien dans les élections? Il y est pour beaucoup, au contraire ; il y est pour un plébiscite. Mais il n'est pour rien dans le choix des personnes. Les députés sont élus par les comités.

Les députés, une fois installés au Palais-Bourbon, ne manquent pas de dire : « Je suis l'élu de cent mille ou de deux cent mille citoyens. » Pas du tout ; vous êtes l'élu de quarante, ou de trente, ou de vingt citoyens ; car il y a des comités de toutes les dimensions. Il n'est pas même tout à fait juste de compter pour électeurs tous les délégués qui font la liste : les vrais électeurs sont ceux qui désignent les délégués. Eux seuls jouent un rôle actif dans ce qu'on appelle par plaisanterie le suffrage universel direct. Quant au peuple, il vote par oui ou par non, pour une liste ou pour une autre, pour la république ou pour la monarchie. Il rend un plébiscite ; il ne fait pas de députés.

Il en est de même pour toutes les élections, sénatoriales ou législatives. Une fois la liste faite par le comité, il ne reste plus que de savoir si elle passera, oui ou non ; la question de liste subsiste ; la question de personnes est vidée. Dans tous les

départements, quand le comité a parlé, les candidats évincés mettent leurs proclamations dans
leur poche, en se considérant bel et bien comme
battus. Ainsi, nous appartenons aux comités depuis que nous n'appartenons plus aux ministres;
et il en réulte que le suffrage universel direct
par scrutin de liste, qui a pour but de rendre
le peuple souverain, a pour effet de le rendre
esclave.

III

L'ART DE DEVENIR DÉPUTÉ

L'art de devenir député n'est pas du tout la même chose que l'art de devenir un bon député.

Pour devenir un bon député, il faut entrer à l'École des sciences politiques et administratives fondée par M. Boutmy.

Pour devenir député tout simplement, il suffit d'être porté sur la liste du comité.

Je ne vois que M. Bertron, le candidat humain, qui puisse se passer de tout patronage, parce qu'il a un tempérament d'apôtre et une longue habitude de l'isolement. Ne prenez pas ce chemin-là : c'est le seul qui ne mène pas à Rome.

Soyez l'homme du comité, soyez sa chose. Que rien ne vous coûte pour obtenir ce résultat. Une fois sur la liste, vous courez la chance commune. Quatre-vingt-dix électeurs, sur cent, ne savent pas qui vous êtes et n'ont aucun besoin ni aucun désir de le savoir. Ils votent pour la liste du comité, et vous vous trouvez élu un beau matin par des électeurs qui ne savent pas votre nom.

Je me rappelle une scène que j'ai vu jouer au Palais-Royal il y a quarante ans, et qui n'était peut-être plaisante que par le jeu des acteurs. C'était le temps des électeurs censitaires. Un candidat entrait chez un grand chaudronnier. « Où est ton patron? — Il est sorti. — Quel ennui! Je venais pour lui présenter mes respects. — Et pour lui demander sa voix. Allez, je suis bien tranquille, vous repasserez, et plutôt deux fois qu'une. — Je crois, drôle, que tu te moques de moi? — Comme vous voyez. Mais, pendant que vous y êtes, vous pouvez me présenter vos respects, à moi aussi. Quoique j'apprenne l'état de chaudronnier pour succéder au patron, je paye mes 200 francs de contributions comme lui. » (Il se couvre, le candidat tire son chapeau.) Le candidat, du ton le plus affable : « Mon cher ami (Il lui frappe familièrement sur l'épaule.), je suis de l'avis de Jean-Jacques, qui voulait que chaque homme sût un métier. Moi-même... — Eh! allez donc! dites que vous êtes savetier à vos moments de loisir. Cela ne vous salira pas les mains. »

Vous n'avez plus de méprise pareille à redouter. Comme vous n'êtes rien pour vos électeurs, ils ne sont rien pour vous. Vous n'avez affaire qu'aux membres du comité. Soyez chaudronnier ou savetier avec eux si cela leur fait plaisir; car ils sont vos maîtres absolus jusqu'à l'heure du scrutin. Vous leur devez obéissance et respect. Vous serez député ou fruit sec, selon qu'ils l'auront résolu.

Je voudrais bien pouvoir vous dire ce que c'est que le comité. Je ne le ferai pas par la meilleure raison du monde : c'est que je n'en sais rien.

En général, le comité de département, qui décide de tout, est composé de délégués des comités d'arrondissement. Cela va bien jusque-là; mais qu'est-ce qu'un comité d'arrondissement? De qui, par qui, comment est-il composé? Je n'en sais rien.

Je suppose que cela se passe ainsi : M. Pierre,

qui n'est encore rien du tout, dit à M. Jacques :
« Je te nomme délégué; » et M. Jacques, qui est
délégué à partir de ce moment, dit à M. Pierre :
« Je te nomme délégué. » Ils sont délégués l'un
de l'autre.

Quand les députés d'un département sont très
forts, ils se chargent eux-mêmes de nommer les
délégués qui seront chargés de les nommer députés.

Il arrive quelquefois que ceux qui ne sont pas
délégués, trouvent qu'en ne les déléguant pas,
on leur a manqué de respect. Pourquoi cela? Je
n'en sais rien. Ils forment alors un second comité où ils se délèguent avec tous leurs amis. Le
premier comité pousse des cris terribles contre
ce qu'il appelle une usurpation de pouvoirs. De
quel droit? Je n'en sais rien, et il ne le sait pas
non plus, mais le second comité crie encore plus
fort. A qui en appeler? Je n'en sais rien. M. Gambetta n'est plus là. M. Ferry, M. Floquet, M. Clémenceau n'ont pas hérité de sa toute-puissance
sur les comités. Je vous dirais pourquoi si je le
savais, mais en vérité je n'en sais rien. Impossible de recourir à M. Anatole de la Forge : car ce
n'est pas l'usage des comités de se battre en duel.

Quand vous n'avez devant vous qu'un seul
comité, votre plan de conduite est tout simple :
vous faites la cour au comité en général et à
tous ses membres en particulier, avec une plati-
tude passionnée. Quand il y a deux comités, votre
affaire s'embrouille sensiblement. On a pourtant vu le même candidat plaire à deux comités
qui se déplaisaient souverainement entre eux. Si
j'avais ce candidat-là dans mon département, il
serait mon homme. Il est clair qu'il connaît le
fin fond de la politique. Il sait que le proverbe :
On ne peut servir deux maîtres à la fois, n'a pas
été fait pour les députés.

La formation des comités est aujourd'hui plus
difficile qu'elle ne l'était en 1848 et 1871. Cela
tient à l'existence du Sénat. M. Clémenceau a
déclaré, dans son discours de Bordeaux, que
toutes les difficultés viennent, dans le Parlement,
du Sénat, et, dans le Sénat, des inamovibles (de
M. Buffet très probablement). Il a oublié de dire
que ce même Sénat et ces mêmes inamovibles en-
travent toutes les opérations électorales, et pourtant cela saute aux yeux. M. Clémenceau ne l'a pas
dit à Bordeaux parce qu'il le dira à Montmartre.
Je vais vous expliquer la chose en peu de mots.

Autrefois, les élus du suffrage universel à quelque degré que ce fût, députés, conseiller généraux, conseillers d'arrondissement, conseillers municipaux, paraissaient des délégués tout trouvés; mais à présent ils ont une tare, parce qu'on a établi que, pour être digne de confiance, il importe avant tout de n'avoir jamais reçu aucun témoignage de confiance. Marcou, vous en savez quelque chose. Si vous n'étiez pas Marcou, vous pourriez faire des comités tout à votre aise, parce que vous êtes un homme éclairé, un brave homme, et un républicain à toute épreuve. Mais un instant, Marcou! Vous êtes, si je ne me trompe, sénateur, un homme de suffrage restreint; vous n'avez rien à voir avec le suffrage universel. *Vade retro, senator!* Et ne seriez-vous pas aussi, par hasard, membre du conseil général? Quelle horreur! Le juré failli qui a fait annuler la condamnation de Pel, et le juré mendiant qui a été rayé de la liste des jurés de la Seine, parce qu'il était poursuivi pour vagabondage et mendicité, sont moins déchus et moins incapables que vous.

Ce n'est pas une petite affaire que d'être membre d'un comité. Il s'agit d'avoir des idées pour

ses concitoyens, et de leur fournir leurs députés.
Si le programme est clair, il ne convient à personne; s'il est vague, il convient à tout le monde,
ce qui fait que personne n'en veut. Le choix
entre les personnes ne serait pas moins épineux
s'il n'était pas fait d'avance la plupart du temps.
Le comité n'est chargé que de boucher les trous.
Il peut prendre ses bouche-trous au hasard dans
la troupe des candidats.

Pour être candidat, il n'y a pas de qualité
officiellement requise. L'âge et la nationalité,
voilà tout. On n'exige pas le baccalauréat. La
députation est, avec le commerce, la seule carrière où le baccalauréat n'est pas de rigueur.
Il est bon, mais il n'est pas indispensable, d'avoir
du talent et une opinion. Pour cette dernière
condition, on ne se montre pas difficile; il suffit
d'adhérer au programme. Le comité, s'il est
sage, n'insistera pas davantage sur le talent.
D'abord, je vous prie, qu'est-ce que le talent?
En revanche, je souhaite vivement pour vous
que vous ayez de l'audace, beaucoup d'audace.
Dans la carrière où vous désirez entrer, il faut
s'imposer, ou se livrer. Et se livrer, c'est bien
piteux!

Je ne vois qu'un point sur lequel les divers comités semblent d'accord, sans doute par réaction contre Napoléon III et Gambetta, qui envoyaient de Paris des candidats aux départements. Presque partout on exige que les candidats soient du pays. On revient ainsi, sans crier gare, à la doctrine et à la pratique du scrutin uninominal. Les grandes villes, ayant le sens politique, se mettent au-dessus de ces petitesses. Paris ne s'est jamais occupé de l'origine d'un candidat; il suffit qu'on soit un grand citoyen. M. Greppo, M. Barodet sont de Lyon; M. Lacroix est Polonais, M. Basly est du Nord. D'où peut bien venir M. Camélinat? Je n'en sais rien, ni Paris non plus. Il ne s'agit pas d'être servi par un Parisien, mais d'être servi comme il faut.

On me permettra de placer ici un souvenir personnel. Je puis parler sans amertume de cet ostracisme d'un nouveau genre, car j'ai été tour à tour député des Côtes-du-Nord, de la Seine, de la Gironde, de la Marne et je suis né dans le Morbihan. Depuis que je suis sénateur, j'ai eu occasion d'aller à Bordeaux pour une affaire qui n'avait rien de politique. Mes amis me donnèrent un banquet. On s'occupait alors dans le département d'une élection qui paraissait laborieuse, et je savais que le grand comité avait délibéré le jour même de mon arrivée. « Avez-vous enfin trouvé votre candidat? dis-je en riant comme on se mettait à table ; car vous savez qu'à Bordeaux, pays du bon vin et de la belle humeur, on ne prend pas les choses au tragique. — Non, me répondit-on de tous côtés ; mais nous sommes contents, nous avons bien avancé nos affaires. — Comment cela? — Nous avons décidé que notre candidat serait nécessairement un Girondin de la Gironde. — C'est parfait ! répondis-je. Vous vous êtes écartés deux fois de cette règle, et vous avez nommé M. Dufaure et M. Jules Simon. » Là-dessus, toute l'assistance éclata de rire ; et, le dimanche suivant, on élut monsieur... Le nom m'échappe ; mais ce n'est pas la peine de le chercher.

IV

LE THÉATRE AVANT LA PIÈCE

Paris, sans ses députés, avait peur.

S'il survenait une émeute, ou quelque compli-
cation européenne, ou si le comte de Paris donnait une soirée, pendant que nos défenseurs na-
turels n'y sont pas! On frémissait rien que d'y
penser. Paris, d'ailleurs, s'ennuyait désespérément. Des gens bien intentionnés avaient ras-
semblé dans le jardin des Tuileries tout un congrès de pitres, mais Paris a refusé de les aller
voir. Ces pitres-là ne sont pas ceux qu'il préfère. Nous avons eu, en guise de distraction et de
consolation durant ce long veuvage, l'emprunt et

Chamillac. C'est peu pour tout un mois! *Chamillac*, il n'y a pas à le contester, a été une grande fête pour les gens d'esprit; mais l'emprunt! Qu'est-ce aujourd'hui qu'un emprunt? On s'était occupé des premiers; on a laissé passer celui-ci sans y prendre garde. Ce sera bien pis pour celui de l'année prochaine. On s'y fait, comme à toutes les choses banales.

La journée du 25 a été une délivrance. La troupe est revenue. Elle a siégé hier. Elle n'a rien fait; mais on sait qu'elle est là. Elle ne peut pas tarder à interpeller.

Les mœurs du public ont un peu changé. De 1860 à 1870, il adorait les grands discours; une lutte oratoire entre Jules Favre et M. Rouher attirait toutes les jolies femmes. Ce qu'on goûte surtout à présent, ce sont les interpellations; les séances où tout le monde parle, et où personne ne sait ce qu'il dit. On est averti par les journaux de la solennité qui se prépare; mais rien qu'à voir les députés entrer dans la salle, on devinerait s'ils vont crier ou dormir. Il suffirait même d'étudier la physionomie de M. de Mun ou de Mgr Freppel. Je n'en dis pas autant de Clémenceau, qui reste calme dans les orages. Il lance du ton le plus naturel ses propositions les plus téméraires. Il met constamment le feu aux poudres et il le fait toujours sans s'émouvoir. C'est même ce qui le rend si émouvant.

On annonce un beau jour qu'il va interpeller Baïhaut sur les affaires de Decazeville, — avec le gracieux concours de Camille Pelletan, toujours prêt pour les représentations à bénéfice. — Il entre : on ne se douterait guère, en le voyant, de ce qu'il médite. Il n'a pas une brochure à la main, pas un journal, pas une feuille de papier; bien différent en cela, et en plusieurs autres choses, de M. Fréderic Passy. Il promène sa lorgnette sur les tribunes, et raconte évidemment de bonnes histoires, car il met tout le monde en gaieté autour de lui. Le début de la séance est, comme toujours, consacré aux broutilles. Les petits projets s'écoulent, séparés par un son de cloche, sans qu'on ait l'idée de demander de quoi il s'agit; personne ne joue les Gavardie au Palais-Bourbon. Tout à coup il se fait un grand silence. Les députés se hâtent de rentrer dans la salle et de regagner leurs places. Les tribunes s'agitent. Toutes les jumelles sont braquées sur Clémenceau. Déception ! C'est Michelin qui se lève.

Votre droit, Michelin, est absolu. Le droit du
premier inscrit est tellement sacré que la Constitution de 1793 (une constitution que je recom-
mande) en avait fait son article 41. Floquet, en
gémissant, est obligé d'en convenir. L'extrême
gauche hurle de douleur. La droite se donne le
plaisir de lancer des interruptions du genre
amusant, pour balancer l'effet produit par le discours de l'orateur, qui est du genre assommant.
Clémenceau, dont la belle humeur résiste aux
petites misères de la vie, et qui n'en est pas à
regretter un discours, riposte par quelques mots
qui font bondir M. Jolibois et M. Baudry-d'Asson.
Les injures se croisent par-dessus la tête de
l'orateur. Michelin continue à remuer les lèvres.
Il ne lui suffit pas d'être incorruptible ; il est, il
veut être imperturbable. Je vous jure qu'on lui
fournit une bonne occasion de le montrer. Les
ministres, au comble du ravissement, poussent
des soupirs par convenance. Les tribunes ne sont
pas moins joyeuses. Au moindre mot qu'elles
parviennent à happer à travers le tumulte, elles
rient à se tenir les côtes. La sonnette retentit
sans relâche comme la cloche d'alarme dans un
ouragan. Les huissiers crient : « Silence, mes-

sieurs! » d'une voix de plus en plus enrouée,
semblables à des valets de chiens qui conversent
avec une meute; plus ils crient, plus on crie,
parce qu'on sent qu'il faut donner de la voix pour
le galop final. L'ancien Musard s'exaltait tellement
à la fin d'un galop échevelé, qu'il tirait un coup
de pistolet par-dessus les grosses caisses et les
trombones. Si Gallo n'était pas en prison, il nous
donnerait peut-être ce divertissement. Je me
demande si on l'entendrait. Ces séances-là sont
incomparables.

Les dames aiment à avoir le lendemain une
séance languissante. On se repose. On se fait signe
avec la main. On montre à sa voisine M. Tony
Révillon. Quel air aimable! M. Anatole de la
Forge. L'aspect d'un gentilhomme, le cœur d'un
républicain. Langlois n'est plus là. Il était vraiment beau quand il interrompait. M. Basly? C'est
singulier, il n'a pas l'air d'un ouvrier. Il est vrai
qu'il n'a pas non plus l'air d'un bourgeois. Voilà
M. Camélinat !

Floquet ne semble pas trop fatigué. Il a le
double mérite d'être un président à poigne et un
collègue d'une exquise politesse. Il se fait craindre,
et en même temps il se fait aimer. C'est le seul

homme, depuis Gambetta, qui ait grandi avec ses fonctions. On se montre les ministres. Il y en a quatre, comme vous savez : Freycinet, Lockroy, Goblet, M. le général Boulanger. Freycinet ne vient que dans les grandes occasions. Il ne parle que quand tous les esprits sont aux champs. Il a bien vite fait de les ramener. C'est lui qui suscite ou apaise les tempêtes. Il les apaise plus souvent qu'il ne les suscite.

Il y a deux sortes d'orateurs : les orateurs à la voix flûtée et les orateurs à la voix grave. Thiers et Freycinet sont les maîtres de la partie flûtée. Freycinet n'a peut-être pas la perspicacité politique de Thiers, ni sa compétence universelle, ni sa fermeté opiniâtre et presque toujours victorieuse. Mais il est d'une habileté sans pareille pour prendre les hommes. Il parle une langue correcte et souple. Il s'élève parfois, sans jamais perdre pied, car il est toujours son propre maître, et c'est ce qui le rend si souvent maître des autres. Clémenceau, Jules Ferry, sont des orateurs graves. Je ne sais dans quelle catégorie ranger Madier de Montjeau. Il est grave dans la discussion et flûté dans le pathétique. Toutes les cordes de la lyre.

Je rends justice aux puissants orateurs de la

Chambre actuelle; je ne puis nier ma prédilection
pour les orateurs d'autrefois. Quand la tribune
reste vide un instant, il me semble que je vais y
voir monter ou Thiers, ou Berryer, ou Jules
Favre, Émile Ollivier, Ernest Picard. Bien peu de
nos contemporains ont entendu Guizot et Lamar-
tine. On ne connaît plus la grande éloquence.

En parlant et en pensant ainsi, je ressemble,
j'en ai peur, aux vieillards endurcis et racornis
qui ne savent admirer que ce qui les a passionnés
dans leur jeunesse. C'est une manie inoffensive
qu'il faut nous passer. Je connais plus d'un vieil
abonné de l'Opéra qui préférera toujours Dupré
à M. Escalaïs, et Levasseur à M. Gresse.

On m'assure qu'on a soumis la salle des Pas-
Perdus à une discipline sévère; on en a fait un
salon de bonne compagnie. Nadaud l'aura voulu.
Oserai-je dire que je le regrette? C'était autrefois
le côté vivant et picaresque du Palais-Bourbon.
La presse et les candidats y affluaient. On y arran-
geait de la belle façon la politique qui se faisait à
côté. Un club permanent, vous dis-je. On y tenait
des discours que pas un commissaire de police
n'aurait tolérés dans une réunion publique. J'y
ai reçu tous les ministres républicains quand ils

n'étaient encore que *reporters*. Au moment de l'entrée des députés et pendant le commencement de la séance, il y venait, comme de raison, beaucoup de solliciteurs ou de gens affairés qui faisaient passer leurs cartes. Vers trois heures, trois heures et demie, on se pelotonnait en foule compacte dans un angle de la salle, les uns debout, les autres assis ou juchés sur des fauteuils, pour entendre un jeune avocat d'une verve intarissable, qui remplissait la salle de ses accents indignés ou de ses éclats de rire, tantôt professeur, tantôt comédien, toujours de bonne humeur, abondant en saillies et en calembours, peu scrupuleux dans le choix de ses anecdotes, tranchant par un bon mot les questions les plus difficiles, les éclairant quelquefois d'une lumière inattendue, ne respectant rien ni personne, imitant les grands orateurs de la Chambre avec une telle perfection, qu'on croyait les voir et les entendre, et une telle force comique qu'on était tenté de leur rire au nez le lendemain aux plus beaux endroits de leurs discours; si vivant, si remuant, si amusant, que, dans les occasions infiniment rares où il était retenu au barreau pour quelque plaidoirie, on trouvait la journée parlementaire décolorée. Il ne nous a pas toujours paru dans la suite aussi réjouissant qu'il l'était alors. Mais, pour lui comme pour tout le reste, je n'ai voulu parler aujourd'hui que des **bagatelles de la porte**.

II

TABLEAU DE LA TROUPE

1

PAUL BERCIER

Tout le monde connaît ces beaux vers du monologue de Charles-Quint. Ils ne pouvaient être écrits que par Corneille ou par Victor Hugo :

L'empereur ! l'empereur ! Être empereur ! ô rage,
Ne pas l'être ! et sentir son cœur plein de courage !

C'est le sentiment qu'éprouva M. Bercier quand il pensa pour la première fois à la députation. Il n'aspirait pas aux honneurs ; il ne voulait que servir son pays. Il se sentait le cœur plein de courage. Il se savait éloquent ; de bons juges le lui

avaient dit quelquefois ; ses amis le lui répétaient
tous les jours.

Il se dit bien, dans des accès de modestie,
qu'on pouvait être l'avocat le plus employé d'une
petite ville sans être un grand orateur politique.
Mais, après son discours au « café de l'Espérance », où il flétrit le Seize-Mai, ni lui ni personne ne douta plus de son avenir. Il fut nommé
empereur tout d'une voix ; je veux dire député.
Quand il monta sur une table, après la proclama-
tion du vote, on lui cria en chœur : « Tu nous
ramèneras les proscrits de la Commune? » Il
répondit : « Je les ramènerai! — Tu nous dé-
barrasseras des juges nommés par l'empereur?
— Je les révoquerai. — Tu chasseras les congrégations! Tu combleras le déficit avec leurs
trésors! — Je chasserai; je comblerai! » Ce fut
tout un éblouissement pour lui et pour ses auditeurs. Tout le café répétait : « C'est un autre
homme que Freycinet avec son plan et Ferry avec
son article 7! » On lui donna un de ces grands
banquets méridionaux où la joie est délirante. Le
président lui dit, au dessert : « Tu pars Bercier :
tu reviendras Mirabeau! »

Mirabeau était un homme sage à ses heures.

Il réfléchit beaucoup quand il se trouva seul dans son wagon, courant à la conquête de Paris. « J'ai promis beaucoup de choses, se dit-il; mais nous avions la tête un peu montée. Pourvu que je donne à la République une Constitution résolument républicaine, que j'achève le réseau des chemins de fer et que je diminue les impôts, mes concitoyens seront contents. » Il se logea par économie dans un quartier excentrique; car c'est un bon mari et un bon père, et il songeait à la famille restée au bercail en attendant l'accomplissement de ses destinées. Puis, sans même jeter une regard sur la grande ville, il courut au Palais-Bourbon. C'est là seulement qu'il se dit : « Je suis chez moi. »

Il visita le palais et ses dépendances avec l'orgueil d'un propriétaire, assista à l'entrée solennelle du président, pénétra dans la salle après le cortège officiel, et jeta un coup d'œil sur la tribune : « Ce sera là! » On lui dit : « Où siègerez-vous ? — A gauche, bien entendu. — Mais dans quelle partie de la gauche? — Peu m'importe! »

Peu lui importait. Il s'était dit qu'il ne s'inscrirait dans aucun groupe. Les groupes sont des

nids d'intrigues. Ils faussent le régime parlementaire. Les ambitieux vulgaires peuvent s'y
affilier pour avoir les revenants-bons de la cama-
raderie. Mais, pour lui, qui avait ses idées, et sa
capacité, et son inflexibilité, et qui ne demandait
plus rien aux hommes depuis qu'il avait la tribune à sa disposition, il voulait rester isolé,
pour rester grand.

Il se mit à étudier à fond les ordres du jour,
pour y découvrir une question à sa taille. Après
beaucoup d'hésitations, il jeta son dévolu sur
l'amnistie. Ce n'était pas tout à fait d'un sage ;
mais il pensa à la joie qu'éprouverait le « café
de l'Espérance ». On l'aurait bien surpris en lui
disant qu'à deux pas du café l'amnistie faisait
peur, et qu'à deux kilomètres on ne savait pas
ce que c'était. Il relut, dans les annales parlementaires, l'histoire des grandes proscriptions.
On le voyait toute la journée, à la bibliothèque,
entouré d'un triple rang d'in-octavos Il lut
aussi les rapports sur la Guyane et la Nouvelle-
Calédonie. Il se fit apporter les journaux les plus
avancés, et prit note de leurs arguments. Il lui
vint à l'esprit qu'il ne suffirait pas de ramener
les déportés, et même de les indemniser ; qu'il

fallait, dès à présent, avant leur retour, donner du travail, des emplois ou des subsides aux membres de leurs familles. Quand il eut bien mûri ses idées, et rédigé un contre-projet, il s'en fut trouver Georges Périn, qui était du même bureau que lui, pour le lui faire admirer, et pour lui demander sa voix ; car il tenait à être commissaire.

Georges Périn, qui n'y va pas par quatre chemins, lui apprit que c'était lui, Georges Périn, qui serait commissaire ; qu'il avait été nommé la veille par la réunion des groupes, et que l'élection dans le bureau indiquée pour le lendemain, n'était qu'une élection pour rire. Il regarda dédaigneusement le projet de ce nouveau-venu et lui demanda s'il n'avait aucun souci de l'argent des contribuables. Bercier fut assez penaud de se voir traité de radical et de visionnaire. Il se dit qu'après tout Georges Périn n'était qu'une étoile de seconde grandeur. Il s'adressa à plusieurs autres grands citoyens, qui l'éconduisirent poliment. Il eut assez d'esprit, quand le candidat des groupes parla le lendemain dans son bureau, pour s'apercevoir qu'il parlait très bien, qu'il savait où il allait, qu'il connaissait le régime des déportés tout aussi bien que lui et le lieu où ils résidaient, mieux que personne. Au lieu de s'obstiner, il chercha et trouva une autre question, fit un autre contre-projet, ne trouva personne qui voulût le signer avec lui, parla dans son bureau assez longtemps et même assez bien, et n'eut pour toute récompense qu'une seule voix, qui était la sienne.

Il fit alors deux découvertes, qui prouvent son bon sens et sa bonne foi. La première, c'est que, sans être incapable, il n'était pas plus capable que la moyenne de ses collègues; la seconde, c'est que sa fameuse indépendance, sur laquelle il comptait tant pour se signaler, passait pour de la versatilité ou de l'incapacité. Les uns disaient : « Il ne sait ce qu'il veut » et les autres : « Que cherche-t-il ? » Il était de plein droit en dehors de tout, après s'être cru au-dessus de tout. On lui écrivait de son département : « Entrez dans la commission du budget, dans celle des congrégations religieuses. Faites-vous nommer de la commission d'enquête. A quand le fameux discours ? » Il les calmait, il les suppliait d'attendre. Mais, au fond, il n'attendait plus rien. Quand il ouvrait la bouche dans son bureau, il lui sem-

blait à lui-même qu'il avait donné le signal des
conversations. Les discours prononcés à la tribune par les Ferry, les Clémenceau, les Floquet,
les Lockroy, lui paraissaient énormes, à présent
qu'il les entendait de près. « On ne connaît pas
ces gens-là, pensait-il. On ne leur rend pas justice. Ils sont peut-être aussi grands que les géants
de la Convention. Il ne leur manque que de vivre
dans des temps héroïques. » Ces réflexions, qui
honoraient son discernement et sa modestie,
aboutirent à faire de lui un député silencieux, ce
qu'il appelait autrefois avec dédain une machine
à voter. Il entreprit alors une étude approfondie
des sous-secrétaires d'État : « Sont-ils de ma
force? » dit-il. Cette comparaison lui rendant
quelque courage, il résolut de se faire un protecteur.

Il jeta ses regards sur Ferry, en homme habile
et qui voit venir. Ferry, quand il n'est pas au
pouvoir, est très abordable. Ce qui le rend brus-
que par moments, c'est le Tonkin; c'est peut-être
aussi le budget. Simple député, comme il était
alors, et n'ayant au monde d'autre souci que de
supplanter Freycinet, il était aimable, gai et
même caressant. Il n'était pas inaccessible à la

flatterie : quel est l'artiste qu'on ne trompe pas avec des compliments ? Bercier eut soin de l'applaudir aux bons endroits, de voter très bruyamment avec lui, d'accourir à son banc quand il descendait de la tribune pour être un des premiers à lui serrer la main. Il essaya même de l'envelopper dans son paletot et de lui apporter son bonnet, après qu'il avait parlé, de peur qu'il ne prît froid ; mais Ferry, qui n'aime pas les platitudes, l'envoya promener assez rudement. Il se le tint pour dit, et n'en devint pas moins, après quelques mois de stage, l'ami du grand homme et son lieutenant pour les petites affaires. Un jour qu'il avait arraché à Pessard un compliment pour son patron qui, sans doute, le méritait bien, car Pessard ne se laisse pas faire, il se hasarda à dire carrément : « Je serai votre sous-secrétaire d'État, à votre prochain ministère. — C'est entendu, c'est convenu, » répondit Ferry, qui trouvait la plaisanterie médiocre. Bercier, rentré dans son taudis, écrivit à sa femme : « Tout va bien ! A bientôt, à Paris ! »

Ferry ne manqua pas d'être ministre quelque temps après, et même premier ministre. Il avait habilement caché son jeu pour éviter les compé-

titions. On apprit tout à la fois, au cours d'une
séance, que le cabinet était formé, et qu'il était
réuni chez le ministre des finances. Huit députés
sortirent précipitamment de la salle, et se jetè-
rent dans huit fiacres, qui s'élancèrent à fond de
train sur le quai des Tuileries, au bruit de huit
fouets claquant désespérément pour gagner huit
pourboires invraisemblables. Bercier, qui avait
prodigué les pièces de vingt sous, fut le vainqueur de la course. Il fut si généreux avec les
huissiers, fit passer tant de cartes à Ferry, avec
des formules si attendrissantes, qu'on lui permit
d'entr'ouvrir la porte et de se précipiter sur la
main du maître. Ma foi, il la baisa sans plus de
façon. Ses compliments furent accueillis d'abord
avec d'aimables sourires; mais ce fut une autre
affaire quand il parla du poste de sous-secrétaire
d'État et de la promesse qu'il avait reçue :
« Écoutez, mon cher, dit le ministre, il s'agit de
se montrer homme politique et de comprendre
ma situation. Vous, Bercier, vous êtes un autre
moi-même : je n'ai pas besoin de vous donner
une place pour être sûr de vous, tandis que je
suis forcé d'amadouer la gauche radicale. Bref,
je viens de donner la place que vous désiriez à

3.

un ami de Clémenceau. N'est-ce pas bien joué? »
Bercier, qui se demandait tout bas si l'autre était
arrivé en ballon, ne put s'empêcher de répondre:
« Eh bien, cher ami, vos promesses ne sont
pas comme les hypothèques ; ce ne sont pas les
premières qui sont les meilleures. » Ferry, toujours bon enfant, rit à gorge déployée de cette
innocente saillie. Il prit Bercier par le bras, fit
deux ou trois pas avec lui, et l'invita à dîner.

Bercier, avant de rentrer à la Chambre, se
promena longtemps aux Tuileries, dans l'allée du
bord de l'eau. Ce fut une heure solennelle. Il
comprit qu'il n'était pas fait pour conquérir une
situation par un coup d'éclat, et qu'il fallait arriver par la patience, la correction, la régularité.
Eudoxie et Léopoldine attendront, pauvres anges !
Il était depuis plusieurs mois inscrit au groupe
Ferry ; car il était déjà entré dans la voie des
réformes. A partir de ce jour, aucun membre ne
fut plus assidu aux réunions, ni plus fidèle à
voter pour les candidats désignés et pour les opinions recommandées. Il recueille déjà les bénéfices de cette conduite excellente. Le groupe ne
l'a pas encore mis dans son comité directeur ; il
ne l'a encore appelé ni à la présidence, ni au

secrétariat; mais il l'a nommé trois fois président d'un bureau et deux fois membre de la commission d'initiative; quant aux commissions d'intérêt local, il ne les compte plus. Les journaux du parti mentionnent ses interruptions; ils le citent avec honneur chaque fois qu'il assiste à une réception officielle ou à un enterrement. Ils ne disent pas de lui : « grand citoyen », ni « éminent député », mais ils le traitent couramment de « bon et ferme républicain », de « député éclairé et laborieux ». Ce sont de grandes consolations dans le désastre de ses espérances. Sa vie est devenue facile. Il entre comme chez lui à la présidence et dans tous les ministères ; il est de tous les banquets ; il a des loges dans tous les théâtres. A la prochaine exposition, on le mettra dans le jury des arts décoratifs. Il n'a plus à se creuser l'esprit pour savoir comment il doit voter, ni à craindre les résultats de son vote, car sa conduite lui est dictée par le comité directeur, et il participe régulièrement aux éloges que les journaux du parti décernent à la politique du parti. C'est aussi le parti qui se charge d'assurer sa réélection. En un mot, il est fidèle à son parti, ce qui le console de n'avoir pas été fidèle à ses convictions.

Au moment où j'écris, il roule vers sa ville natale en rêvant à ses deux filles qu'il adore, et qui feront de bons mariages quand il sera enfin sous-secrétaire d'État. Il compte sur l'appui du « café de l'Espérance » affilié au groupe par ses soins. Il va préparer sa réélection, qui ne lui cause plus aucun souci. Sa profession de foi ne lui coûtera pas d'effort. Il la fera à la Darimon, avec une légère variante. « Citoyens, je suis un des trois cents. »

Il a raison. Il est un des trois cents. Sa conscience est en bonnes mains, puisqu'elle est dans les mains du comité directeur.

On peut voter pour lui avec sécurité.

LA QUATRIÈME SANS-CULOTTIDE

M. Bourassé a beaucoup d'esprit; c'est ce qui
le perd. Il comprend tout. Il est aussi très aimable et très aimant. Il veut plaire à tout le
monde, et tout le monde lui plaît. Ce qu'il veut
surtout, c'est réussir. Il réussit. Ce n'est certainement pas un homme, ce n'est peut-être pas un
honnête homme. Mais il est riche et populaire;
on le cite à chaque instant dans les journaux. On
ne le mettra pas au Panthéon après sa mort, à
moins d'un hasard heureux que nul ne saurait
prévoir; mais il choisira, et dans un avenir très
prochain, entre un ministère ou la présidence

d'une des deux Chambres. Il est probable qu'il choisira la présidence, parce que c'est moins houleux. Il n'a que trente-six ans; il a tout le temps de se décider.

J'étais avec un ami l'autre jour dans un coin de la salle des Pas-Perdus, d'où nous pouvions le voir sans qu'il nous vît. Il était devant une glace, saluant à droite, et puis saluant à gauche, avec une grâce familière. Mon ami me disait : « Que fait-il là? — Eh! parbleu, il salue en imagination le capitaine et le lieutenant de la compagnie qui l'escortent jusqu'au fauteuil. » Il n'aura pas le salut simple et ferme de Floquet, ni le salut irréprochable de Brisson; il préfère le salut affable de Gambetta. Il fait bien. Il faut être aimable avec un capitaine, grave et bienveillant avec un général. C'est le secret des rois. Il n'y a pas de petites choses en politique.

Il venait d'entrer à la Chambre quand Ferry a lancé l'article 7. Il m'avait écrit, aussitôt après son élection, qu'il serait un de mes fidèles. « Un de mes fidèles! » Il aurait dû dire « mon fidèle », car j'ai toujours été le chef d'un parti qui n'a jamais existé. L'article 7 ne l'ébranla pas. « C'est une folie, me disait-il. Il y a un grand parti contre le clergé ; mais la nation presque entière tient à l'existence d'une religion. On ne l'aime pas et on n'y croit pas ; mais on aime à l'avoir près de soi, comme une décoration et une sauvegarde. » Il me demanda s'il ne pouvait pas faire ses débuts à la tribune par une attaque à fond contre l'article 7. J'essayai de l'en détourner. « Ferry, lui dis-je, est un colosse. Il est moins bruyant que Gambetta, mais il est plus fort. » Il ne me crut pas, et se rendit un peu ridicule. Un an après, il était ferryste enragé. On ne faisait jamais, suivant lui, assez de décrets contre les congrégations.

Je voulus m'expliquer avec lui cœur à cœur sur sa métamorphose ; mais il me tourna le dos en y mettant tout juste autant de politesse qu'il en fallait pour ne pas s'exposer à quelque péril. Vous pensez bien que je ne fis que secouer les épaules. Je me soucie des grands seigneurs comme d'une prune. Ferry lui offrit d'être sous-secrétaire d'État de la guerre ou de l'instruction publique, à son choix. « Non, disait-il, laissez-moi tel que je suis. Si jamais j'entre dans l'administration, ce sera par le ministère de l'intérieur. » J'ai su qu'il disait à ses intimes : « Quand je prendrai un ministère, j'y serai indéracinable. »

C'est un homme vraiment fort, comme le Montjoie d'Octave Feuillet. Il n'est gêné par aucun scrupule. J'ai réussi à le langueyer dernièrement; car j'ai cessé d'être impopulaire dans le Parlement, depuis qu'il est avéré que je ne songe ni à être ministre, ni à défaire des ministres, et que je veux seulement obéir à ma conscience, une douce folie qu'on peut passer à un vieillard. « Expliquez-moi, lui dis-je, comment vous avez passé de la défense de la liberté religieuse à la défense de la liberté irréligieuse? — Ce n'est pas moi, dit-il, c'est l'opinion. Je croyais que les catholiques avaient une majorité formée de catholiques d'abord, et ensuite de ce que j'appellerai les indifférents bienveillants. Cette majorité si elle existe, ne s'est pas montrée. Nous n'avons eu à combattre que quelques extravagants de la droite, qui n'ont personne derrière eux, et quelques inoffensifs tels que vous. Nous avons laïcisé tout à notre aise. Les uns nous ont acclamés, les autres nous ont laissé faire. — Prenez garde, lui dis-je, cela pourrait bien changer. » J'allais faire une tirade d'une certaine force. Il ne m'en laissa pas le temps. « Eh bien, me dit-il avec le plus grand calme et le plus aimable sourire, si la

majorité change, je changerai avec elle. J'aimerais
mieux ce discours-là, parce qu'il est plus comme
il faut, mais rappelez-vous que je changerai au
bon moment. Vous serez bien ébahi, me dit-il,
d'apprendre alors que je suis le défenseur de la
liberté religieuse, et que vous êtes tout au plus
un de mes suivants, un comparse dans ma bande.
En politique, c'est toujours le dernier venu qui
avale le bon morceau. »

Je lui déclarai qu'il était un pervers, ce qui le
fit rire à gorge déployée. Il était, il y a un an,
grand partisan de l'empire colonial. La Tunisie, le
Tonkin, Formose et Madagascar ne lui suffisaient
pas ; il lui fallait encore le Congo, ce qui ne l'a
pas empêché, le mois dernier, de signer la proposition de mise en accusation contre Ferry. Je lui
ai dit : « Vous vous casserez le cou. Ce ministère,
quelque bon qu'il soit, n'est pas éternel ; et, comme
il n'y a, en dehors de lui, que Ferry... — Êtes-
vous naïf! me dit-il (car nous nous admirons réciproquement, chacun pour nos qualités). Si Ferry
revient, ce qui est probable, comme il sera alors
très solide et très puissant, je prendrai dans son
cabinet la justice ou l'intérieur ; la justice probablement, pour faire l'amnistie. — Vous êtes

donc pour l'amnistie aujourd'hui? — Aujourd'hui, comme vous dites, me répondit-il. Je n'en voulais pas hier, et je n'en voudrai peut-être pas demain; mais, aujourd'hui, l'opinion est de ce côté-là. — Il y a deux opinions, lui dis-je. — Je parle de celle qui triomphe, me dit-il, et non pas de celle qui geint. Je suis toujours pour l'amphitryon où l'on dîne. »

Je l'ai rencontré il y a huit jours. Il était furieux contre Anatole de la Forge, le meilleur des hommes : un laïcisateur de bonne foi, le seul peut-être! « Mettre Victor Hugo au Panthéon, disait-il; quelle maladresse! Faire de ses funérailles une affaire de parti! Ameuter tous les catholiques contre sa gloire! Chasser un Dieu pour loger un homme! » On m'assure qu'à présent, il est ravi. « Ce Panthéon couronne Paris, dit-il. Et qu'est-ce que Paris? La libre-pensée. Les catholiques ne se plaignent que par bienséance. Nous les avons débarrassés d'une église éternellement vide, qui n'était pas même une paroisse. »

Je lui disais ce matin (il m'a fait une petite visite d'amitié) :

— Vous passez votre vie à tourner à tous les

vents comme une girouette ; mais, puisque c'est votre profession, vous devriez au moins être plus circonspect et rendre vos conversions moins éclatantes.

— Se ménager ! s'écria-t-il. C'est votre vieille politique surannée et décrépite que vous me prêchez là. Se prodiguer au contraire, être de tout et partout, remplir le monde de son bruit, voilà la politique moderne. Voilà le système des opportunistes de la branche aînée et de la branche cadette, des gambettistes et des ferrystes. Croyez-vous qu'on me louerait tant d'acclamer le Panthéon aujourd'hui, si je ne l'avais pas vilipendé hier ? C'est de ma conversion qu'on me sait gré. Plus elle est éclatante, plus elle est méritante. Je vais d'une montagne à l'autre, tandis que vous rampez dans la plaine... Le succès ! dit-il, il n'y a que cela. Vous êtes battu ; donc vous avez tort. Vous êtes toujours battu ; donc vous n'êtes qu'une bête, mon maître. Je suis avec Cousin : « Il faut pardonner aux grands hommes le marchepied de leur grandeur » ; avec un autre grand homme plus près de nous : « Ce n'est rien d'avoir mérité de réussir, si on échoue » ; avec Gambetta, avec Ferry, avec Hugo.

— Hugo, lui dis-je, n'était pas du côté de la
force quand il a écrit les *Châtiments*. — Il a eu
ses défaillances. Je suis dans le vrai courant de
la révolution. Ma fête nationale à moi, la fête
des opportunistes, ce n'est pas celle du 14 Juillet; c'est la fête que l'immortelle assemblée avait
dédiée à l'Opinion, — la quatrième *sans-culottide*.

III

SIEYÈS

Quand je dis Sieyès, c'est Adrien Palaber que je veux dire; mais nous sommes en 1885 et non pas en 1789. Notre Mirabeau s'appelle Clémenceau; et je donne à Palaber, pour le relever, le nom de Sieyès.

A l'heure où je vous parle, Sieyès ne se sent pas de joie. C'est lui qui a décidé la Chambre à rester en session jusqu'au 15 août, ce qui, assure-t-il, sera d'une utilité immense pour l'agriculture. C'est lui aussi qui a obtenu sur le budget des cultes une nouvelle économie de cinq millions. Ce n'est pas pour le changer, c'est au contraire pour le maintenir dans sa situation normale, le budget des cultes de chaque année devant être égal à celui de l'année précédente, diminué de cinq millions.

Jules Roche tient à supprimer, dès cette année, le traitement de tous les chanoines; Paul Bert est ravi qu'on ait retranché deux millions sept cent mille francs sur le traitement des desservants. Que sont, pour Palaber, ces minces économies? Que lui importe qu'un prêtre de campagne n'ait plus que 600 francs à dépenser par année? Si jamais il touche au clergé, ce ne sera pas pour le tracasser, ce sera pour le supprimer. Il ne sait même pas s'il y a, ou s'il y a eu des chanoines. Vous lui diriez que M. Goblet, ne pouvant sauver leur traitement, leur conserve au moins leur aumusse, à condition qu'il leur reste assez d'argent pour l'acheter, qu'il ne saurait même pas de quoi vous parlez. Son esprit n'envisage que l'absolu. Il plane bien au-dessus des aumusses, des desservants et de leur pain quotidien. Il applique avec impassibilité cette formule : budget 1886 égal à budget 1885 moins cinq millions, comme budget 1885 égal à budget 1884 moins cinq millions, comme budget 1884, etc. Il fera de même l'année prochaine. Il n'a aucune passion contre le clergé. Il n'y a pas de passions en lui, il n'y a que des formules. Il est bien différent de Bourassé, qui se vante de changer à tous les vents; pour lui, il se vante au contraire de ne changer jamais. C'est l'homme des principes, l'homme immuable. On a fait cette réflexion sur ces deux hommes remarquables, qu'ils se combattent toujours dans leurs discours, et qu'ils se réunissent toujours dans leurs votes. Il sont du même groupe, ce qui ne veut pas dire de la même troupe. L'un y tient l'emploi de Sieyès; l'autre, celui de Barras, en très petit. Voilà comment nous avons renoué la chaîne des temps.

Vous entendez bien que ce n'est pas moi qui attribue à Palaber le mérite d'avoir prolongé la session et rogné le budget des cultes. Je répète ce qu'il ne cesse de dire avec une persérvérance infatigable à tous les journalistes grands ou petits qu'il raccroche dans les couloirs. Il est un peu engoué de lui-même, comme tous les gens de valeur : c'est toujours lui qui a fait tout ce qui se fait. Au fond, je crois qu'on n'avait pas besoin de sa métaphysique pour tomber sur les desservants et les vicaires. Adrien, vous êtes la mouche du coche. Vous avez proposé, développé, glorifié; mais dix autres avaient la proposition dans leur portefeuille. Tout ce que je puis accorder à votre faconde, c'est d'avoir retardé le vote.

En général, M. Palaber est taciturne. Il ne cause même pas avec ses voisins. Il entend fort bien ce qu'on lui dit, mais il feint de ne pas entendre. Comme il ne peut parler que pour rendre des oracles, vous comprenez qu'il ne peut pas parler souvent. En revanche, dès qu'une question budgétaire est sur le tapis, il doit à sa situation de faire un discours. On le sait d'avance, et on s'y résigne. Il le fait long, que ce soit dans un bureau, dans une commission ou à la tribune. Il le bourre de faits et de doctrines. Il prend les faits dans les livres de M. Emile Levasseur, membre de l'Institut, et il les enfile une heure durant, avec une mémoire imperturbable et un aplomb incomparable, devant une assemblée somnolente. Pour les doctrines, il les prend dans Clamageran. Il se moque beaucoup de M. Thiers, qui en était au baron Louis, et de M. Say, qui en est à M. Thiers. Il a une doctrine courante qu'il débite chaque fois que l'occasion lui en est offerte, et une arrière-doctrine qu'il laisse seulement entrevoir dans un demi-jour mystérieux pour la faire paraître plus imposante. Cette arrière-doctrine est l'unité d'impôt, qui complétera l'unité de la France. Unité de la France, unité de l'Allemagne, unité de l'Italie, et peut-être un jour unité de l'Europe. Qui dit progrès, dit philosophie; qui dit philosophie, dit guerre aux différences : car la science est la science du général, et la différence doit s'absorber et disparaître dans la synthèse finale de l'humanité. Vous comprenez cela, ou vous ne le comprenez pas; mais, si vous ne le comprenez pas, je vous plains, car vous ne saurez jamais quel est le fond de la pensée d'Adrien Palaber.

Il a remarqué que les vérités les plus profondes perdent beaucoup à être exposées dans une langue claire; en effet, elles perdent leur profondeur. Quand il descend de la tribune, il ne dit qu'un mot à ses amis : « M'a-t-on compris? » Si on répond : « Oui », il est fort inquiet. « J'ai manqué de profondeur, » dit-il en lui-même.

Ce malheur lui arrive rarement. On dit sur tous les bancs de la Chambre : « Il est bien ennuyeux, mais qu'il est fort! » On sent bien qu'on n'a rien compris à son discours; mais c'est qu'il

a de telles profondeurs ! il faudrait se donner tant
de peine ! Pour lui, il s'admire de très bonne
foi ; il se relit, il ne se comprend pas toujours.
Il fait un tirage à part de tous ses discours et
les envoie aux initiés. Il en prépare une collection pour la postérité. Quoiqu'il les sache par
cœur avant de les prononcer, il passe ses vacances à les relire, en vertu de ce grand principe : *Stercus cuique suum non olet.*

Tous les grands penseurs qui ne sont pas de
l'école de Descartes ou de celle de Locke sont
obscurs. Voyez cette définition de la pensée parfaite par le plus grand de tous : « La pensée est la
pensée de la pensée. » C'est grand, c'est au-
guste ; ce n'est pas clair. A un autre bout du
monde, je cueille cette formule dans un livre de
psychologie qui m'arrive ce matin : « Tout changement consomme de la transformabilité. » Un
médecin de mes amis, dont les clientes n'avaient
que des vapeurs, leur ordonnait de prendre par
jour trois verres d'eau saccharinée suivant la formule. « Peut-on faire cela chez soi, docteur ? —
Gardez-vous en bien ! Il faut la faire préparer
chez Mialhe. » Le pharmacien et les malades
trouvaient leur compte à cette médication, et je

crois aussi la conscience du médecin. Mais celui-
là se moquait, Palaber se gobe.

Et nous le gobons.

Le public est de plus en plus indifférent aux
délibérations de la commission du budget. Il
aime mieux, dit-il, s'occuper du budget de sa
maison. Il ne s'aperçoit pas que c'est le budget de
sa maison, le budget de son garde-manger et de
son vestiaire, qui s'élabore à la Chambre sous
l'œil attentif de M. Rouvier. Il se dit très sottement : « C'est la même commission, le même
budget, le même Jules Roche : je n'ai pas besoin
de m'en occuper. »

Quand tout le monde serait de cet avis, il y a
un homme qui n'en serait pas, et c'est Adrien
Palaber. Il a été élu député pour être de la commission du budget, et de la commission du budget pour s'occuper du budget.

C'est la nature qui l'a voulu. Elle lui a donné
un teint terreux, un œil enfoncé et triste, des
cheveux noirs en brosse, une barbe noire touffue,
envahissante, sinistre. Ce n'est pas un député gai,
comme Bourassé. Il tourne autant que lui, mais
sur un pivot qui n'est pas huilé. Il a le virement
rauque. Il aimerait mieux ne pas être austère et

doctrinaire. Il faut qu'il le soit. Il ne se réserve pas, comme Preston-Brayer, qui, même étant ministre, fait déposer ses projets par un collègue, pour ne pas s'user. Il ne se prodigue pas non plus comme Bourassé. Il pontifie.

Il durera moins que Bourassé, et voici pourquoi. Jetez Bourassé par la fenêtre, il tombera sur ses pieds, tandis que Palaber sera perdu le jour où il fera une première chute en compagnie de toutes ses doctrines. D'ailleurs, il m'ennuie. Bourassé, au moins, est bon enfant. Sa politique me ferait pleurer; mais ses discours me font rire. C'est toujours autant de pris sur l'ennemi.

IV

UNE TEMPÊTE DANS UN FIACRE

Tout le monde sait que M. Charles Grimprey
était, il y a trois mois, rédacteur d'un journal
hebdomadaire dans une très petite ville de province. Il se disait souvent : « Si j'avais à prendre
un modèle parmi les hommes politiques, c'est à
M. Clément Laurier que je voudrais ressembler.
C'est l'idéal de l'opportuniste. Personne n'a
mieux compris que lui la souveraineté du but.
Puisque nous ne voulons plus de maître, pardieu!
n'ayons donc plus de préjugés. Il faut qu'un
député entre à la Chambre avec une conscience
libre. Messieurs, j'apporte une voix au plus fort :

et, s'il faut tourner casaque demain matin, eh bien, vous verrez comme je sais m'y prendre. »

On l'a fait député, et il se trouve dans un cruel embarras. Il est pour le plus fort, vous le savez, mais quel est le plus fort? il n'en sait rien.

Vous l'auriez vu, en séance, pendant les premiers jours, avec sa mine de chat aux aguets, regardant les chefs de clans de tous ses yeux, essayant de lire leur pensée sur leur visage, dans leur attitude; se glissant d'un groupe à l'autre dans les couloirs, pompant les paroles, ne disant mot, tournant et retournant les journaux influents d'une main fiévreuse. Il paraissait aussi affairé que s'il avait été chargé à lui tout seul de remettre les métiers en mouvement et de régler le sort des Hovas. La vérité est qu'il n'est encore chargé de rien du tout. Il n'agite pas, dans sa bonne cervelle, d'autre question que celle-ci : « A qui la chance? »

Il n'a jamais aimé Brisson. Il y a entre eux antipathie de nature. Grimprey et Brisson, c'est le mouvement et l'immobilité. L'un est toujours prêt à se retourner, pourvu qu'il y trouve son profit; l'autre ne se retourne jamais.

Vous me dites que Grimprey s'est présenté

aux dernières élections comme ministériel.
Qu'est-ce que cela prouve? Il lui fallait l'appui
du préfet, voilà tout. A présent, Brisson branle
dans le manche à cause de son manifeste. Il s'est
avisé, ce Brisson, de dire ce qu'il pensait : ce
n'est pas un homme politique; il a refusé à l'extrême gauche d'amnistier Kropotkine et Louise
Michel : ce n'est pas un opportuniste. Il n'en faut
plus.

Restent Ferry et Clémenceau.

Ferry serait un rêve! Depuis que nous avons
perdu Laurier, c'est l'homme du monde qui sait
le mieux se retourner, avec cette supériorité sur
Laurier qu'il reste fidèle à son parti; il se promène seulement d'une nuance à l'autre. Ses ennemis disent qu'il ne sait que cela, ce qui est in-
juste, mais il sait cela dans la perfection. Du vivant de Gambetta, il a tenté de le supplanter en
portant « à l'ennemi » le plus grand coup par défunt l'article 7. Il a échoué; aussitôt il s'est of-
fert pour être le lieutenant du vainqueur : un
chef-d'œuvre! Il a fait croire à la Chambre que
nous n'avions pas la guerre avec la Chine, et,
dans le même temps, dans le même discours, il
lui présentait la carte dès frais de la guerre.

Cela est aussi d'une certaine force. Quand il a vu, pendant les élections, que le vent tournait aux modérés, il s'est trouvé tout à coup qu'il était non seulement un modéré, mais le chef des modérés. Un homme de gouvernement, à n'en pas douter. A peu près le seul.

Et Clémenceau, quelle séduction ! Il ne faut pas le séparer de Camille Pelletan, qui le complète. Clémenceau a produit Pelletan, et c'est son plus bel ouvrage. Un grand mérite, pour un chef de parti, d'avoir créé ou seulement discerné un grand journaliste ! Quand Clémenceau est à la tribune, il démolit le discours du ministre, la politique du ministre, et le ministre lui-même avec un dédain, une aisance et une éloquence qui ne laissent rien subsister derrière lui. En voilà un qui ne fait pas de tirades et ne pratique pas le lieu commun ! De la dialectique tout le temps, et de l'ironie, et même de la colère quand il en faut un peu. Pas d'enthousiasme, car il importe avant tout de ne pas s'emballer. Il n'est pas moins merveilleux, il l'est d'une autre façon, à son banc. Quoiqu'il soit un peu collet-monté, ou même, tranchons le mot, un peu rogue à la tribune, il ne dédaigne pas le mot pour rire dans

ses interruptions. C'est le sentiment de sa supériorité, et la bonne humeur d'un homme qui sent
que rien ne lui résiste. Après avoir défait tant
de ministères, il veut tâter du ministère à son
tour. Il ne se laissera pas embêter, c'est certain
(j'emprunte ce mot, qui n'est pas français, à la
langue parlementaire) ; il ne se laissera pas embêter, dis-je, il se laissera peut-être casser. Mais
qu'importe à Grimprey ? Le jour où Clémenceau
sera par terre, il y aura un vainqueur, et ce
vainqueur-là sera l'ami de Grimprey, par droit de
sélection comme par droit de conquête.

Brisson, Clémenceau, Ferry; Ferry, Clémenceau, Brisson. Dire qu'il n'y a que trois hommes
en France, et qu'il est si difficile de savoir auquel
des trois se donner ! Ils ont chacun leur tare :
Ferry a le Tonkin, Clémenceau a sa queue, et
Brisson a son style, que la Chambre trouve languissant. « Ma foi, dit Grimprey, il faut en sortir;
allons à celui qui passera le premier, dût-il ne
pas durer un trimestre. Gambetta n'a pas duré
davantage, et ses ministres n'en sont pas morts.
Cocher, rue de Montaigne, n° 15. »

Rossinante brûle le pavé. Je n'oserais dire que
Grimprey ne soit pas un peu ému en tirant le

cordon de sonnette, lui qui ne s'étonne jamais de
rien. Clémenceau n'y est pas. Il n'y est pas! N'y
est-il pas? Grimprey revient vers la Chambre au
pas de son cheval, et en faisant le grand tour pour
se donner le temps de réfléchir. Il se dit que Clémenceau a sa liste, doublée de celle de Pelletan.
« Qu'y a-t-il à glaner de ce côté-là? La vice-pré-
sidence d'un groupe? Mais Lockroy a supprimé
les groupes. L'autre côté, le côté Ferry, est bien
plus fructueux. Ferry a perdu beaucoup des siens
à la bataille. Il est en ce moment sous un voile,
entre l'éclat de son long ministère et celui de sa
future rentrée; c'est le moment où il acceptera
des recrues. Il sera reconnaissant de ma visite,
tandis que Clémenceau m'aurait reçu fraîchement.
Il est sans façon, Clémenceau, avec les hommes
politiques en quête d'emploi. Il a toujours l'air
de vous dire : « J'ai mes pauvres! » Après tout,
Ferry, malgré ses malheurs, est le plus fort de la
bande; lui seul est dans l'*Almanach de Gotha*, on
ne pourra pas se passer de lui longtemps. Déci-
dément, c'est l'homme de la situation, et, par
conséquent, c'est mon homme. Le sort en est jeté.
Cocher, au galop! Chez M. Ferry! Le grand Jules! »

Mais le fiacre n'a pas fait cinq tours de roues

que les pensées du malheureux Grimprey prennent un autre cours. « Nous sommes là-bas, dit-il,
dans un vrai coupe-gorge. Si nous restons, nos
soldats sont sacrifiés ; si nous reculons, nos nationaux et nos protégés sont égorgés. Il suffirait
d'une mauvaise campagne dans le Tonkin, de la
trahison d'un vice-roi, du guet-apens d'un Pavil-
lon-Noir pour perdre Ferry à tout jamais. Que
diable ! Il a beau être fort, il n'est pas plus fort,
à lui tout seul, qu'un empereur de trois cent millions d'hommes ! Non, non, Ferry est impossible,
et c'est malheureux pour le pays. Il s'est mis une
trop grosse pierre au cou, le pauvre homme ! »

Grimprey est dans l'accablement. Il s'en souvien-
dra du fiacre 1284 ! Il recommence à tourner ses
pouces en répétant sa litanie : Ferry, Brisson,
Clémenceau ; Clémenceau, Ferry, Brisson. C'est
une liste que tous les Français tournent et retour-
nent matin et soir depuis la mort de Gambetta.
Qu'elle est glorieuse ! Mais qu'elle est courte !

Tout à coup, il pousse un cri qui fait sauter le
cocher sur son siège. Sa figure s'illumine. Il a vu
clair dans ces ténèbres. Il sait son chemin désormais. Il va marcher droit devant lui pendant six
semaines. Il se jette à moitié hors de la portière,

et, de la voix d'un général qui commande le feu,
il s'écrie : « Cocher ! cinq francs de guides ! Au
triple galop chez M. de Freycinet ! »

Vogue la galère !

V

FAQUINET

Vous vous rappelez sans doute cet excellent
M. Clapier, qui a été longtemps député de Marseille. C'était un des avocats les plus brillants et
les plus considérés du Midi. On lui donna un
banquet quand il fut nommé député pour la première fois, et le président lui dit au dessert ces
paroles mémorables qu'on a si souvent répétées
depuis pour d'autres grands hommes : « Tu pars
Clapier, tu reviendras Mirabeau ! »

Faquinet est un candidat perpétuel qui ne
compte plus les échecs. A l'un des derniers, ses
amis eurent un moment l'illusion d'un succès.

Vite, on prépara un banquet et un discours. L'orateur parodia le discours de Marseille : « Tu pars Faquinet, s'écria-t-il avec transport, tu reviendras Clémenceau ! »

Moi, qui ne suis pas aveuglé par l'amitié, je sais qu'il serait parti Faquinet et qu'il serait revenu Michelin. C'est déjà fort honorable.

Je crois que lui-même ne se fait pas grande illusion là-dessus. Il veut entrer à la Chambre des députés pour y jouer les Michelin. On m'écrit qu'il est inconsolable depuis sa dernière candidature, et qu'il a des moments d'humeur noire à propos de chaque mouvement des Chambres. Quand elles partent pour aller jouir sur place de l'admiration de leurs commettants, il se dit : « Je ferais mon entrée à Chamilly-sous-Andelle ! » Quand elles rentrent, il pense qu'en arrivant à Paris un des premiers, il aurait pu être secrétaire d'âge. Je vous jure que, s'il ne parvient pas à trouver un collège de bonne volonté, sa vie ne sera plus qu'un long martyre. Tous les jours de séance, il se tient dans la salle des Pas-Perdus pour ôter le pardessus de Clémenceau. Il regrette qu'il ne soit pas chauve, parce qu'il lui ôterait aussi sa calotte. Il espère que le maître sera touché à la longue de sa résignation et de ses services, et qu'il le mettra sur une bonne liste. Tout est là pour lui, car il n'est pas riche ; il ne peut pas acheter les électeurs, il faut qu'on les lui donne.

Faquinet, comme on devait s'y attendre d'un candidat si exercé, a perfectionné son art. Il échoue toujours, mais il soutient toujours, comme tous les joueurs malheureux, qu'il est victime de la fatalité, et que son moyen était infaillible. Son espoir, dans ces derniers temps, était d'obtenir une condamnation.

Il écrivait un article très violent, endormait la vigilance du rédacteur en chef, et, quand il voyait son crime, c'est-à-dire son article, étalé dans les colonnes du journal, il l'envoyait avec une lettre anonyme au procureur de la République. Puis il attendait fiévreusement l'assignation. Quelquefois l'article tombait dans l'eau. Deux ou trois fois, ô bonheur ! il a été poursuivi. Mais la poursuite, ô malheur ! aboutissait à un acquittement.

Decazeville lui a fourni beaucoup de matière. « Nous réclamons l'égalité, disait-il. Tous les citoyens ont droit à la lumière du soleil, même les mineurs. Ils consentent à travailler huit heures

par jour dans un souterrain. Ce n'est pas assez,
au gré des exploiteurs. Il leur faut chaque jour
dix heures de notre vie, et, pour obtenir ou maintenir cette contribution exorbitante, ils appellent
la force armée à leur secours. Elle vient, cette
force obéissante; ils viennent, nos frères, enfants
du peuple comme nous, pour enchaîner et op-
primer le peuple... Oui, nos frères, car ce n'est
pas dans la famille de M. Léon Say que le gouvernement recrute ses agents et ses gendarmes. »

Il comptait beaucoup sur cette allusion à Léon
Say. Il pensait que, si le parquet faisait la sourde
oreille, Léon Say interviendrait pour le stimuler.
Mais Léon Say convient de bonne grâce qu'il n'a
ni cousins ni alliés dans la gendarmerie; et le
parquet, de son côté, trouve naturel et légitime
qu'on discute la durée des heures de travail.

Voyant qu'il avait fait long feu avec Léon Say,
il pensa à M. de Rothschild. Il imprima ces mots
quelque part en première page : « M. de Rothschild est le roi des voleurs. » Ce n'était pas bien
fort; lui-même le sentait. C'était une application
de la fameuse formule de Proudhon : « La propriété, c'est le vol. » En effet, suivez-bien le raisonnement : la propriété, c'est le vol; or, M. de

Rothschild est propriétaire, donc M. de Rothschild est un voleur. Le syllogisme est en règle.

Oui, mais le parquet répond que M. de Rothschild n'est un voleur que s'il est bien convenu préalablement que la propriété, c'est le vol. Le parquet n'est pas d'accord avec Faquinet sur la proposition principale. « Poursuivez-moi! dit Faquinet. — Vous n'êtes qu'un innocent, répond le procureur de la République. — Un innocent, » affirme M. de Rothschild. Et tout le monde répète en chœur que Faquinet n'est qu'un innocent.

Essayons, dit-il, de la provocation. « Que les travailleurs s'unissent, s'ils ne veulent être toujours exploités! Qu'ils constituent l'armée des volés contre les voleurs, des assassinés contre les assassins... Et, si l'on nous pousse à bout, si l'on nous provoque, si on nous force à recourir au fusil, eh bien, alors, que ce soit tant pis pour les provocateurs! »

Cette belle tirade parut tout au long dans *la France révolutionnaire et jacobine* de Fontenay-sous-Bois. Le parquet fit un pas de clerc; il poursuivit Faquinet devant les assises de la Seine. Les groupes de l'extrême gauche et de la gauche radicale s'en montrèrent très irrités. On parlait d'une interpellation. Faquinet en fut informé confidentiellement par une lettre de M. Camille Pelletan adressée à tous les journaux. Il courut aussitôt chez les deux présidents, chez les quatre vice-présidents, et chez les six secrétaires. « De grâce, calmez-vous, leur dit-il. Ne m'ôtez pas le pain de la bouche. Laissez le procès suivre son cours. Si je suis comdamné, comme je l'espère, vous aurez une occasion magnifique de tonner contre le gouvernement. »

En sortant de chez ces puissants seigneurs, il alla tout courant chez M. Laguerre. Il entra comme une bombe dans le cabinet du jeune député. « Je vous apporte, dit-il, un éclatant succès oratoire. J'ai provoqué le peuple à la révolte et au pillage. Je l'ai conjuré de tirer des coups de fusil pour répondre aux provocations des bourgeois. J'ai traité les bourgeois comme ils le méritent. J'ai dit qu'ils étaient un tas d'assassins et de voleurs. Il n'y a pas à prétendre que j'ai agi sans discernement, puisque je suis dans la réserve de l'armée territoriale, ni que je ne jouis pas de toute ma raison, puisque l'article est un chef-d'œuvre de bon sens et d'éloquence ; ni que j'ai cédé à l'emportement de la colère, puisque

je n'ai reçu aucune provocation et que j'ai écrit
cet article tranquillement, de propos délibéré,
dans mon cabinet, les pieds dans ma chancelière.
Ce n'est pas du reste ma première attaque contre
la France capitaliste, dit-il avec une exaltation
croissante, voici *l'Ère nouvelle*, de Charenton-
neau, *le Club des Cordeliers*, de Ville-d'Avray, et
plusieurs autres journaux importants où j'ai
prêché la même doctrine. » Laguerre l'arrêta
tout net dans son enthousiasme. « Mon cher
Faquinet, dit-il, je ne doute pas de la violence de
vos articles, mais je doute de la violence de votre
caractère. Vous n'avez aucune haine contre les
bourgeois et le capital. Si vous connaissiez un
autre moyen d'être député, vous ne débiteriez
pas ces fadaises qui ont traîné depuis 48 dans tous
les journaux socialistes. Je défends volontiers les
gens de cœur qui s'adressent à moi ; mais je n'ai
rien de commun avec les comédiens et les ambitieux. »

Faquinet, tout Faquinet qu'il est, fut atterré. Il
a dit depuis qu'il avait senti en lui-même plus
d'admiration pour le flagellant que de compas-
sion et d'humiliation pour le flagellé ! Il sortit la
tête basse. « Ne suis-je, en effet, qu'un comé-

dien ? » murmurait-il avec tristesse tout en remontant la rue Bernouilli. Le cœur lui revint quand il se trouva sur le boulevard, au milieu de la foule. « Non, dit-il, je suis un révolté! Je le suis, je veux l'être. Si la provocation ne suffit pas, je prêcherai d'exemple. A la première émeute, je casserai les carreaux d'un boulanger, et je prendrai un pain de six livres sur son étalage, — sauf à lui en envoyer le prix le lendemain par la poste, à titre de restitution anonyme. » Il roula longtemps ce projet sous son crâne. Ce fut une affreuse tempête.

En y réfléchissant, ce vol et ce carreau lui répugnèrent. Cela sortait de son métier de candidat, qui ne comporte que des délits de presse. « Je vois, dit-il, ce que c'est : Laguerre n'a plus besoin de travailler pour sa popularité; il s'est débarrassé de moi, je me passerai de lui. Après tout, les avocats sont des bourgeois; plusieurs d'entre eux sont des capitalistes. Je n'ai pas besoin d'être aidé pour être condamné. J'ai une langue dans ma bouche apparemment? Et si je vois que l'affaire tourne mal, je m'en tirerai en injuriant le président. »

Il le fit comme il l'avait résolu. Il fut insolent

pour l'avocat général et ne put tirer de lui que
des conseils paternels. Il essaya d'invectiver le
président, qui, pour toute réponse, lui fit porter
un verre d'eau sucrée. Les jurés entrèrent en
riant dans salle de leurs délibérations. A peine
avait-on eu le temps de lever le siège qu'on entendit leur sonnette. Ils s'étaient dit en souriant : « Personne n'a tiré de coup de fusil après
son article ; c'est une provocation non suivie
d'effet. L'article, d'ailleurs, est illisible. Ce n'est
pas un journaliste, c'est un monomane. Il conseille au peuple de tirer des coups de fusil si on le
provoque. Que veut-il dire par ces mots : *si on
le provoque?* Il entend peut-être le rétablisse-
ment du droit d'aînesse ou de la religion d'État?
Il y a des cas où l'insurrection est le plus saint
des devoirs. » Le marchand de marrons dont la
boutique est au coin de la rue Royale et de la
rue Saint-Honoré, et qui, dans cette affaire, s'ac-
quit la réputation d'un homme perspicace, dit
aux autres jurés, ses collègues : « C'est un malin,
je le vois venir ; il veut être condamné pour être
député. » Faquinet n'eut pas le plaisir d'être
condamné. On lui fit une ovation au Palais après
son acquittement. Il enrageait. Il eût volontiers

houspillé ceux qui le portaient en triomphe.

Il dit en rentrant chez lui : « Il ne me reste plus qu'à obtenir une place dans l'administration afin de me faire épurer comme anarchiste. » Ce moyen-là est d'un effet très sûr; malheureusement, c'est le chemin le plus long.

Nous le verrons bientôt inspecteur du service administratif dans une gare. Il aura bonne façon avec sa casquette galonnée. Mais il ne sera pas député avant trois ans.

VI

VALRADIEU

Le marquis Jupile-Ernest de Valradieu, à qui je
restitue son titre quoiqu'il ne le prenne jamais,
probablement par modestie, est ce beau, grand,
maigre vieillard que vous voyez à la Chambre
assis derrière Madier de Montjau, en *complet* de
drap gris, avec une cravate de soie bleue à pois,
et un foulard rouge sortant à demi de sa poche
de côté. Il porte ses cheveux en brosse, parce
qu'aucune force humaine ne pourrait les courber
et les discipliner; on devine qu'avant d'être blancs
ils étaient rouges; ses sourcils sont touffus, ses
yeux ardents et mobiles, ses moustaches relevées

en crocs, ses mains blanches, fines, aristocra-
tiques. Il donne un peu l'idée de ces officiers de
cavalerie qui essayent de passer pour avoir trente
ans, quoiqu'ils en aient visiblement le double.
Vous ne pouvez manquer de le reconnaître à ce
signalement. Il en sera bien aise, car il aime à
être lorgné pendant les séances. Il aime aussi à
être entendu, et nous l'entendrons un jour ou
l'autre à la tribune ; donnez-lui seulement le
temps de s'acclimater.

On dit que son seul défaut comme orateur est
de parler longuement. Il parlera sur tous les sujets avec une égale compétence ; mais il passe, à
Montierender, pour être surtout de première force
en enthomologie. Ce qu'il y a de plus remarquable en lui, c'est son infatigable activité. Cet
homme-là n'a pas cessé de se remuer depuis cinquante ans. Avec tout ce manège et ce tripotage,
il n'était arrivé à rien. A soixante-cinq ans, il vivait de l'air du temps dans sa bicoque, quand on
l'a fait député. Je ne pus m'empêcher de le lui
dire, et de lui demander la cause de cette longue
stérilité. « C'est le dévouement, » me répondit-il.

Parole d'un grand sens. En effet, mon ami Valradieu est par excellence un homme dévoué. A qui? à quoi? à une idée? à son pays? Non ; à un homme. Entendons-nous : à plusieurs hommes l'un après l'autre. Il ressemble à ces courtisanes qu'on traite en personnes vertueuses, parce qu'elles n'ont qu'un amant à la fois, mais qui en ont toujours un.

Je ne vous dirai rien du temps préhistorique où il était, de loin, amoureux de Jules Favre. Il le quitta brusquement, sur la fin de l'Empire, pour se donner corps et âme à Gambetta. Son grand chagrin est de ne les avoir jamais vus ni l'un ni l'autre ; mais il a chez lui, à Montierender, une sorte de musée Gambetta, collection très complète de statuettes, de bustes, de médaillons, de photographies, de caricatures, de dessins de toute sorte qui remplissent l'appartement et refluent dans le corridor et sur l'escalier. On dirait la boutique d'un marchand de figures de plâtre, dans laquelle il n'y aurait qu'une seule figure, représentée de cent façons différentes. Mais quelle figure !

O qualis facies, et quali digna tabellâ !

Il lui écrivit à Bordeaux, en 1870, pour avoir

une préfecture. Gambetta, qui n'avait jamais entendu prononcer son nom et qui était, ce jour-là,
en veine de refuser, le refusa. Valradieu empocha
le refus et garda son enthousiasme. Je voudrais
qu'il me fût possible de publier les lettres qu'il
m'écrivait ; elles feraient la joie de M. Reinach.
Ce qui le ravissait dans Gambetta, ce n'était pas
la guerre contre les Prussiens, ni la guerre contre
les bonapartistes, que Gambetta voulait priver
de leurs droits politiques en 1871 : c'était la
guerre au cléricalisme. « Il faut que vous soyez
bien aveugle, me disait-il, si vous croyez que la
République pourra s'établir, avec ces gens-là ? »

Il collectionnait des renseignements sur les
sœurs hospitalières qui avaient conseillé à des
mourants de se convertir ; il découpait dans les
journaux tous les articles où les Frères des Écoles
chétiennes étaient traités de la bonne façon ; il
avait un tableau des faits et gestes du clergé divisé en plusieurs colonnes : manœuvres électorales, captations d'héritages, détournements de
mineures, etc. Il me rappelait tout à fait les
frères jacobins de 1793, qui, à chaque défaite, à
chaque embarras de la République, répétaient en
chœur : « Cherchez le prêtre ! » et, en même

temps, hélas! « Proscrivez, massacrez le prêtre! »
Il est de cette école — jusqu'au massacre exclusivement; car il n'est pas sanguinaire, il n'est
que l'allié inconscient des sanguinaires.

Je vous laisse à imaginer sa rage quand Gambetta fut maladroitement renversé par ses propres
amis. Il m'écrivit qu'on faisait reculer la France.
Il passa à Ferry sans transition. « C'est plus
qu'un disciple, disait-il, c'est un rival! » Il ne
parlait plus que de l'empire colonial. « Il nous
rend les Indes : il nous rendra le Canada! » Il ne
demanda pas une place au Tonkin. Son idée fixe
était alors d'être inspecteur des enfants assistés,
ou sous-inspecteur, si aucune place d'inspecteur
n'était vacante. Il s'adressa à Spuller et ne reçut
aucune réponse : je ne sais vraiment comment
cela se fit, M. Spuller étant l'exactitude et la politesse en personne. Le colonel Herbinger ne
l'ébranla pas. Je crois même que, s'il entra aux
élections dernières dans la vie politique, ce fut
pour se donner le plaisir de flageller cette majorité qui renversait le chef du gouvernement
pour la faute ou le malheur d'un officier subalterne.
Son élection, faite dans ces conditions, se trouva
être une victoire pour Ferry, qui n'en remporta

pas d'autres dans toute la campagne. « Il sera le parti Ferry, » me disais-je.

Pas du tout. En m'embrassant au débotté, il me dit : « Brisson est mon homme! »

Il avait changé d'enthousiasme en chemin de fer. Il ne voyait plus que Brisson. « Les autres sont des agités, me dit-il. Celui-ci est un roc. C'est la sagesse, la fermeté, la stabilité. Il a un précieux mérite par-dessus tous les autres : c'est de nous préserver à jamais de Clémenceau. »

A ce moment des évolutions de Valradieu, Clémenceau était sa bête noire. Il le chargeait à plaisir de toutes les extravagances qui ont cours chez lui ou chez ses voisins. « Ne me parlez pas de cet homme-là, disait-il; c'est un homme néfaste! »

Il soutint mordicus que Brisson ne quitterait pas les affaires après le Congrès. « Il donnera sa démission, et il fera bien. M. Grévy la refusera, et il fera mieux ». Il avait un rendez-vous au ministère de la justice le 30 décembre, et des chances à peu près certaines d'en sortir sous-secrétaire d'État. Tout en faisant antichambre, il ouvrit négligemment le *Journal officiel*, et y lut que la démission était acceptée. Cette nouvelle, qui l'étonna beaucoup, n'étonna que lui.

Pour moi, la chute d'un ministère n'est qu'un incident sans importance, j'y suis fait, mais je me préoccupais de la douleur de mon camarade. Il arriva rayonnant cinq jours après. « Enfin, me dit-il, nous voilà débarrassés des importants et des impuissants ! Nous avons enfin l'homme qu'il nous faut : l'homme intelligent, sagace, rompu aux affaires, sans préjugés et sans autre passion que le bien public. »

J'applaudissais, en faisant quelques réserves; quand on fait devant un homme qui a été ministre l'éloge d'un de ses successeurs, il fait toujours des réserves pour insinuer tout doucement par là que la France, en le perdant, a fait une perte irréparable. Ma froideur exaspérait le pauvre Valradieu, qui était tout flambant. C'est un homme enthousiasmé ; enthousiasmé et désintéressé. Il lui arrive bien parfois de demander une place; mais c'est uniquement pour avoir occasion de se dévouer. S'il accepte un ministère ces jours-ci, comme il en est fortement question dans sa famille, ce sera pour voir Freycinet de plus près, et plus à son aise.

Il m'a étonné hier. « Avec Freycinet, lui disais-je, nous pouvons être rassurés contre Clémenceau. Clémencean est distancé, il est fini, il est détruit. — J'espère bien que non, me dit-il. Ce serait un grand malheur. »

Je m'amusais à le taquiner, mais je vis bien que sa grande colère était évanouie. Clémenceau n'était plus Clémenceau, ou plutôt c'était un Clémenceau nouveau, qui aurait la fermeté des ministres ses prédécesseurs, et n'en aurait pas la timidité. Il écraserait, au besoin, une tentative de révolution ; mais il ne prendrait pas, comme ceux-ci, une bousculade pour une émeute. En un mot, mon Valradieu se prépare à l'aimer, parce qu'il s'attend à le voir régner. Je ne sais plus où il s'arrêtera. Je lui ai dit en riant : « Vous serez ministre des postes et télégraphes dans le cabinet Rochefort. »

Un brave homme que Valradieu. Un triste temps que le nôtre.

VII

CHANGEMENT DE FRONT

La Kerfiloie est seul dans son vagon. Il a retenu les huit places pour être seul. Dans une
heure, il sera au chef-lieu. Il baisse les stores et
fait un bout de toilette. Il se dit en riant que
c'est aussi la coutume des rois et de leurs ministres. Sous l'Empire, il a eu la curiosité de se
trouver à l'arrivée d'un train ministériel. Son
Excellence sortit du vagon-salon en grand cordon rouge, grand costume brodé sur toutes les
coutures, épée au côté, cravate blanche, gants
blancs immaculés, plume blanche au chapeau.
La Kerfiloie sera en frac, tout simplement,

comme M. Grévy quand il va à Mont-sous-Vau-
drey; mais, au moins, il n'y aura pas sur lui un
atome de poussière, et le vernis de ses bottines
sera irréprochable.

Il se rappelle à la hâte son discours. On ne
saurait trop se prémunir contre les accidents de
la mémoire. Il est prêt. Tout est prêt. Il met la
tête à la portière et tâche d'apercevoir l'arc de
triomphe. Il tient son mouchoir à la main pour
saluer de loin les fidèles massés sur le débarca-
dère.

Rien! On se sera trompé de jour. Il a pourtant
écrit : *le samedi* 17, il en est sûr. Il n'a pas voulu
faire son entrée un dimanche, pour ne pas avoir
trop de foule, et trop de monde de toute sorte.
Il se sent de très mauvaise humeur, parce qu'un
malentendu est toujours désagréable. Mais non.
Voilà le garçon de l'hôtel qui lui souhaite la bien-
venue. « Vous êtes là pour moi? — Oui, monsieur. » Il n'y a pas d'erreur. Et pas de réception!
Est-ce possible?

Il a retenu le grand salon, il s'y précipite. Personne! Pas même le préfet; le nouveau préfet,
celui qu'il vient de faire, et qui est installé depuis trois jours. Il descend au bureau. « Madame,

je vous prie, y a-t-il du nouveau dans la ville ?
quelque événement ? —Non, monsieur le député.
Rien que je sache, monsieur le député. A quel
heure monsieur le député veut-il dîner ? — A huit
heures ! » Il remonte. Il se promène de long en
large dans son grand salon. Tout en marchant,
des phrases de son discours lui reviennent machi-
nalement à l'esprit ; il se surprend à les mar-
motter. Horreur ! —Huit heures moins un quart.
— Enfin, on sonne !

C'est le nouveau préfet. Il exprime sa reconnaissance. Ses actions de grâce sont fraîchement
reçues. La conversation languit, se traîne sur des
lieux communs. La Kerfiloie n'y tient plus, il
demande compte de la solitude où on le laisse.
« Que voulez-vous ! dit le préfet, un département si
mal préparé, si mal disposé ! Il aurait fallu attendre.
Si vous m'aviez laissé quelques semaines...
Peut-être qu'en manœuvrant bien pendant le
conseil général, je vous aurais ramené quelques
vieux amis...»—Ramené ! Je tombe des nues. Le
nouveau trésorier-payeur-général... — Oh !
celui-là vous est tout dévoué. Il est au bord de
la mer avec sa famille. Il arrive demain tout
exprès pour vous saluer. Il m'écrit que nous dîne-

rons ensemble, si vous lui faites l'honneur d'accepter, et voici son invitation qu'il m'a chargé de vous remettre. » La Kerfiloic décachète fiévreusement la lettre. « Mais non ! Il ne vient pas. Au contraire. Il me demande d'aller chez lui passer quelques jours dans sa famille... — Excellente idée ! Nous dirons que vous êtes venu vous reposer, et que vous ne voulez voir personne. Vous passerez là un mois, six semaines dans une solitude absolue. Pendant ce temps-là, nous travaillerons. Quand on a six semaines devant soi !... Mais j'y pense. La nuit sera très noire, aucun risque d'être aperçu, et, en moins de deux heures, on est à Romery. Dînez à votre aise. A dix heures, je serai à votre porte dans mon coupé, et l'on dira à ceux qui viendront demain pour vous voir, que vous n'avez fait que traverser la ville. »

La Kerfiloic est si abasourdi qu'il ne trouve rien à répondre. Il se laisse serrer la main. Le préfet fait quelques pas pour sortir, et revient précipitamment : « Vous savez, il n'y a rien à craindre d'ici à mon retour. Point de charivari, point d'attroupement ! Les ordres ont été donnés. Il y a des agents à chaque coin de rue... »

« A merveille ! se dit La Kerfiloic. Il faut que je

me cache à présent ! Si je traversais la ville en plein jour, on me jetterait des pierres... Ah ! j'entends dans l'escalier la voix de Frédéric. Il va dîner avec moi. C'est mon avocat et mon homme d'affaires. Je viens de le faire bombarder procureur de la République. Dieu sait comme il m'a fallu harceler Demôle. « Dans un autre siège, si » vous voulez. — Non ! dans celui-là. » Avec lui, je vais tout savoir.

En effet, ce ne fut pas long. Le procureur avait la mine allongée comme le préfet. Il débuta carrément. « Si nous avions des élections, la liste de la *Gazette* passerait en bloc. » Et des détails, en veux-tu, en voilà. Ce n'est pas la première fois qu'un département change d'avis, mais la métamorphose a été bien soudaine. C'est comme un changement à vue. La Kerfiloie ne peut attribuer cela qu'aux manœuvres de l'ancien préfet. Heureusement, il l'a deviné. Le voilà hors du département. Son successeur est un habile homme, qui regagnera vite le terrain perdu.

Le procureur de la République efface ce beau rêve. Le préfet peut avoir ses bonnes qualités ; mais il a exécuté les décrets, dans un autre département, avec dureté. Il a, pendant les dernières élections, menacé d'exercer des poursuites contre ceux qui répandaient de mauvaises nouvelles du Tonkin. Il est arrivé ici avec une réputation déplorable. Son prédécesseur était un peu réactionnaire, c'est vrai; mais, malgré cela, et peut-être à cause de cela, il était très aimé, il est très regretté. Il n'a pas accepté le dédommagement qu'on lui offrait. Il reste dans le département avec la certitude d'être élu aux prochaines élections sénatoriales. »

Pendant cet entretien, quelques personnes sont arrivées. Ce sont des fidèles. Ils racontent qu'on se plaint des impôts, des centimes additionnels, qui atteignent le maximum; qu'on a été très irrité du dernier emprunt d'État, sans compter que le département s'est endetté de son côté; qu'on reproche aigrement à La Kerfiloie et à ses collègues de voter tout ce qu'on leur demande; qu'on admet comme paroles d'Évangile toutes les calomnies des orléanistes sur l'état de nos finances : on n'en dirait pas plus long si nous étions à la veille d'une banqueroute. Les trois juges épurés par Martin-Feuillée tiennent ensemble un bureau d'esprit public où le gouvernement et les députés sont arrangés de la belle façon. Ils ont publié dans leur journal les discours de Basly et de Camélinat, ceux de Joffrin au conseil municipal. Les numéros qui contiennent ces discours ont été répandus à profusion. On ne sait où ils prennent de l'argent pour toutes ces dépenses. La conduite de l'évêque est correcte en apparence; mais il ne cesse de fonder des écoles libres qui sont remplies en un clin d'œil. Le conseil municipal de Keroman a fait abattre une méchante croix qui gênait la circulation. Aussitôt les propriétaires se sont cotisés pour élever un calvaire magnifique sur une propriété privée, mais bien en vue, qui est devenue un lieu de pèlerinage. Jamais les églises n'ont été encombrées comme elles le sont; jamais il n'y a eu plus d'hommes à la communion pascale; jamais les processions de la Fête-Dieu n'ont été plus suivies ni exigées plus impérieusement. Quand on dit aux paysans : « Vous voulez donc le comte de Paris, une nouvelle révolution? » Ils répondent : « Non, monsieur, mais nous ne voulons pas des rouges. » On leur a mis dans la tête que la Commune de Paris allait revenir, et ils ne veulent pas en tâter. C'est leur épouvantail. « Les Parisiens disent qu'on n'a pas guillotiné assez en

93. Qu'ils y viennent! » On a beau leur dire que c'est un mot en l'air et un député en l'air. « Non! non! Paris veut du 93, mais nous n'en voulons pas chez nous! »

Le petit cercle qui entoure La Kerfiloie dans le grand et triste salon de l'hôtel raconte toutes ces nouvelles avec indignation. Tous ils sont d'avis qu'on viendra à bout de cette bourrasque. Ils sont à l'œuvre. Les plus jeunes vont jusqu'à prétendre qu'ils ont déjà fait quelques progrès. Ils en auraient fait bien davantage si tous les fonctionnaires épurés n'étaient pas restés dans le pays avec la rage au cœur. On aurait bien dû faire une loi pour expulser du département tous les fonctionnaires qui ont régné sur lui. Comment n'y a-t-on pas pensé? Rien n'était plus facile et plus conforme au nouveau système de gouvernement. On écrira à *la Lanterne* pour qu'elle donne des ordres en ce sens. Cette espérance nouvelle ayant relevé les esprits, on se sépare avec force poignées de mains, en se donnant rendez-vous pour la fin d'août.

La Kerfiloie a laissé dire. Il a médité profondément. C'est un homme d'esprit. Il sait qu'on n'enraye pas en six semaines un mouvement réactionnaire de cette force. On lui a dit que tous les épurés sont encore là. Le département est à eux, et ils sont à qui leur rendra leurs places. « Parbleu! dit-il, ce sera moi! Ce que j'ai fait, je puis le défaire. Ce ne sera qu'une épuration de plus. » Il avale à la hâte quelques bouchées. « Quand le préfet viendra, vous lui direz que j'ai été rappelé à Paris pour une affaire de famille. » Il boucle sa malle, et arrive au chemin de fer tout juste pour profiter de l'express. Pauvre préfet! Pauvres employés installés depuis huit jours! Pauvre Frédéric!

C'est Frédéric surtout qui le trouble. Un si bon garçon, et qui rêvait déjà la robe rouge!

« Bah! dit-il en se rassurant, il a été fonctionnaire toute une semaine. Je vais le faire décorer pour services exceptionnels. »

VIII

AMYNTAS

M. Jules Duvaux a été ministre; il est encore
député, ce qui est une position enviable. Il s'est
souvenu qu'il était agrégé de l'Université, et il
s'est mis tranquillement à écrire un *Virgile an-
noté* pour la classe de quatrième. J'ai fait comme
lui; après avoir été ministre, je me suis remis
tant bien que mal à mon métier de journaliste.
On m'assurait l'autre jour que M. Cazot donnait
des leçons de droit. Je n'en sais rien. Si c'est
vrai, c'est très honorable; d'autant plus qu'il les
donnait supérieurement avant ses grandeurs. Je
pourrais citer beaucoup d'autres ministres dis-

graciés ou congédiés qui ont repris leurs affaires un moment interrompues, sans affecter les allures de ministre en expectative. Il me semble que ce qu'on a de mieux à faire quand on a perdu le pouvoir, c'est d'oublier qu'on l'a jamais eu. C'est le goût de M. Duvaux; c'est le mien. Ce n'est pas celui d'Amyntas.

Il a été ministre un moment, je ne sais plus de quoi, je ne sais pas pourquoi. Il n'y avait aucune raison pour le faire ministre, car il n'a rendu, que je sache, aucun service à l'État, et il n'est ni homme d'affaires, ni orateur. Je me hâte d'ajouter qu'il n'y avait pas non plus de raison pour qu'il ne fût pas ministre tout comme un autre. J'ai eu la curiosité de savoir combien nous avions de ministres, passés ou présents, depuis la République. J'en compte trente-deux au Sénat et vingt-trois à la Chambre des députés. Il y en a peut-être un peu plus. Avec les oublis que j'ai dû faire, les décavés, comme MM. de Fourtou, de Cumont, Grivar, et les morts, qui sont nombreux, cela fait, en quinze ans, une consommateur de quatre-vingt-dix ou cent ministres au minimum. Dans ces conditions, cette catégorie de citoyens n'est plus une élite. Amyntas n'a pas le

6.

droit d'être fier d'en faire partie. D'ailleurs, il n'y tient pas un des premiers rangs ; il est tout bonnement dans la moyenne. C'est un député tout ordinaire, qui ne s'est fait remarquer dans aucune spécialité, qui ne connait d'autre politique que cel'e des élections (la rhétorique de la politique), et qui arrivait à se tirer à peu près d'affaire en suivant fidèlement les avis de ses chefs de division. Voilà sur lui mon opinion, et, je crois, celle de tout le monde. Mais, si vous le connaissez, et si vous l'avez suivi d'un peu près dans sa carrière, qui commence à être longue, vous savez à quel point son opinion diffère de l'opinion commune sur ce sujet intéressant.

Même avant d'avoir été ministre, il vous abordait toujours avec un air solennel et mystérieux qui semblait dire : « Me voilà ! Je ne suis encore rien ; n'est-ce pas très drôle ? » Il conservait, d'ailleurs, sa belle humeur, et laissait passer les plus pressés en souriant. On ne sentait ni envie, ni colère, mais il y avait en lui beaucoup d'étonnement.

Le jour vint où on lui colloqua un petit ministère, dans un cabinet dont personne ne voulait être, qu'on regardait comme une couverture pour une crise trop prolongée, et qui réussit à vivoter, grâce à son insignifiance même. Amyntas pensa aussitôt que cette administration de second ordre dans un cabinet de troisième ordre n'était qu'un adroit prétexte pour avoir un homme comme lui aux affaires. Il le dit à ses amis dans l'intimité. Il ne l'avouait pas en public, parce qu'il faut de la modestie ; mais ses yeux, ses gestes, son attitude, ses moindres paroles, le criaient pour ainsi dire à tout ce qui l'approchait. Il aimait à rappeler, dans ce temps-là, que M. Guizot avait été longtemps condamné par sa supériorité même à n'être ministre que de l'instruction publique.

La vérité est qu'il était muet dans le conseil, faute d'une idée, et passif dans son cabinet, faute de compétence. Il ne retrouvait sa langue que dans les salons. Il fallut s'en débarrasser. On le fit avec de grands égards. Il n'y a guère que les Chateaubriand qu'on met brutalement à la porte. Lui-même y déploya sa bonne grâce. Il annonça partout qu'il ne pouvait accepter ou conserver que la première place. Il est aspirant ministre depuis cet événement. Il le sera probablement toujours.

Vous n'avez pas oublié ce pauvre fou, si doux et si bon, qui se croyait le duc de Bordeaux, et qui se promenait tous les jours sur la jetée du Havre en saluant poliment à droite et à gauche, et en disant à demi-voix : « Cela va bien ! Ce sera pour le mois prochain. » Amyntas me le rappelle un peu. Il était fort gênant pendant son ministère, parce que ses grandeurs lui avaient monté à la tête et qu'il croyait avoir inventé tout ce que ses chefs de service lui soufflaient ; mais à présent il est doux, il est même souriant ; on voit qu'il pense que c'est pour le mois prochain. Je suppose que sa famille a soin de placer quelques bonnes âmes sur son passage pour lui demander des préfectures, comme on demandait... à l'autre... une clef de chambellan, pour le faire pâmer d'aise.

Malheureusement, tout ne se passe pas avec lui en grimaces comme avec son collègue du Havre. Il est de la classe des innocents qui sont doublés d'un rusé compère. Il ne doute pas qu'il doive être un jour premier ministre « parce qu'on finira bien par ouvrir les yeux » ; mais, en attendant, il exige qu'on lui rende l'attente moins pénible en lui attribuant certaines compensations. Il ne s'agit

pas de ce qu'on appelle vulgairement une place.
Fi donc! Si on lui offrait d'être premier président de la cour de cassation, je crois qu'on l'of-
fenserait; il dirait que c'est une retraite! Ce
qu'il lui faut, c'est une grande situation qui lui
donne de l'autorité sans trop de besogne, et qui
ait surtout l'air d'un hommage rendu à son mérite transcendant. Les appointements ne comptent
pas pour lui, car il est désintéressé. Peut-être
même est-il encore riche. Il faut surtout que ce
soit quelque chose d'exceptionnel, d'inattendu,
de personnel; en un mot, une position d'expectative. Résident général, ce serait trop peu, que
diable! Inspecteur des résidents généraux et des
gouverneurs généraux, cela pourrait aller, parce
que ce titre étant nouveau et mal défini, laisserait tout supposer. Je doute qu'il acceptât la
place de M. Waddington à Londres; mais il serait allé au congrès de Berlin. Il aimerait à régler les intérêts de l'Europe; et, quoique bon et
sûr républicain, les flatteries d'un roi ou d'un
empereur chatouilleraient agréablement son
amour-propre. Voici à peu près comment il entend
sa situation : la France se passe de lui pour le
courant des affaires, elle a bien tort; mais elle se

jetterait dans ses bras, s'il survenait quelque grand péril. Même quand elle ne se sert pas de lui, elle se dit : « Il est là ! »

Le cas d'Amyntas ne serait pas fort curieux si tout se passait dans son imagination. Le docteur Blanche nous l'expliquerait. Mais qui nous expliquera la soumission des ministres ? Ils ne le prennent pas parmi eux ; non, ils ne vont pas jusque-là ; mais, à chaque changement dans le cabinet, ils inventent quelque contrôle général ou quelque protectorat pour l'en gratifier. S'il était le moins du monde ingénieur, ou si seulement il avait passé dans sa jeunesse par l'École polytechnique ou l'École centrale, on le chargerait de visiter nos forteresses. On met un vaisseau à sa disposition pour qu'il aille étudier sur place les besoins de nos colonies. On lui donne une intendance générale sur les musées et les théâtres, parce que ce sont là des charges de cour qui ne sont pas dédaignées par des princes. J'attends toujours que M. Lockroy le place au-dessus du commissaire général de l'Exposition. Si la place de président de la commission des secours aux blessés, que M. le duc de Nemours a remplie avec tant d'autorité et de dignité, est

encore vacante, que tarde-t-on à y nommer
Amyntas? Il a accoutumé le gouvernement à ces
déférences. Le public s'y est fait. Après les
avoir trouvées légèrement grotesques dans les
commencements, à présent que le pli est pris, il
est le premier à dire dans les occasions : « Et
Amyntas ? » Ces mots jetés légèrement avec un
demi-sourire sont recueillis dans le cœur de l'inté-
ressé. Il a fait peindre une toile où il est repré-
senté entouré de courtisans et d'huissiers courbés
en deux, comme un homme qui serait à la fois
souverain et premier ministre. La foule sourit un
peu en voyant ces excentricités, mais elle n'est ni
choquée ni étonnée. L'importance d'Amyntas n'est
pas expliquée et ne peut pas l'être; mais il est
important, cela est convenu. Après Ferry, Freycinet et Floquet, et en mettant, bien entendu,
Grévy à part, il est le grand homme de l'État.

En revanche, le public, qui lui donne tout,
n'attend rien de lui. Si on mettait les ministères
à l'élection, comme les sièges de députés, il n'aurait pas une voix. Basly en aurait; Amyntas, je
l'affirme, n'en aurait pas une. C'est, de l'aveu
de tous, un ballon absolument vide; un ballon
gonflé, luisant, bondissant, sans but ni boussole;

chimœra bombinans in vacuo. Il ne sert à rien
et il n'est pas agréable à voir : il est important,
sans autre épithète. C'est un des produits origi-
naux de la démocratie contemporaine.

Tous nos autres fantoches ont une raison
d'être. Camélinat est la Commune ; Basly est le protecteur et le conseiller des grévistes ; Michelin
représente en sa personne la fleur de l'esprit
parisien ; Joffrin est le Mirabeau et le Danton des
couches nouvelles ; Chabert est l'ami de Joffrin.
Mais Amyntas, qu'est-il? Il n'a envoyé de souscription ni à Vierzon ni à Decazeville ; il fait un
discours seulement tous les cinq ans ; il ne parle
presque jamais dans son bureau ; il n'est influent
dans aucun groupe, il n'écrit pas, il n'a pas de
journal à lui. Il ne s'est jamais chargé de l'ordre
du jour qui opère le sauvetage d'un ministère
après un discours de Clémenceau. Il n'a pas fait,
dans toute sa vie parlementaire, une motion
dont on se souvienne. Il vote contre les cléricaux, mais sans passion ni élégance. Il n'a pas de
galerie de tableaux. Il ne tient pas table ouverte.
Il a une maîtresse à l'Opéra, comme tout ancien
ministre qui se respecte, mais il ne fait pas parler
de ses amours. Il est plutôt bellâtre que beau,

plutôt difficile que bon vivant, plutôt taciturne
que beau parleur. Personne n'attend rien de lui,
parce qu'on sait qu'il ne sera jamais rien ; personne n'a peur de lui, parce qu'il n'est ni puissant
ni méchant. Si j'étais forcé de le définir, je dirais
que c'est un effet sans cause. Nous avons comme
cela, en dehors de lui, quelques grands hommes
qui ne savent pas les causes de leur grandeur. Ils
ne les savent pas ; mais, moi, je les sais. Pour
Amyntas, je ne les sais pas du tout.

IX

SOUS L'ŒIL DES BARBARES

CHŒUR DES REPUS

Nous avons cousu sur nos vestes les galons des serviteurs de l'Empire; nous avons pris leurs traitements; nous nous sommes attribué leur autorité. Le peuple règne et gouverne en nos personnes. La Révolution est finie.

Le caractère particulier de notre politique est d'être vraiment admirable.

Nous nous occupons beaucoup de l'armée. Nous changeons tous les jours de plumets et de projets de lois. On ne sait pas encore si l'armée sera ré-

gionale ou nationale, si le service durera cinq
ans ou trois ans, s'il y aura des volontariats, si
les sous-officiers sortiront du rang, ou d'une
école spéciale, etc. Comment le saurait-on? Notre
armée, l'armée de nos rêves, n'est pas et ne sera
jamais une armée faite ; elle est essentiellement
une armée en formation. Il y a seulement un point
sur lequel nos idées sont arrêtées : c'est que les
curés monteront la garde. Avec un pareil renfort,
nous battrons toujours nos ennemis.

Les esprits inquiets constatent que les impôts
ne suffisent plus pour couvrir les dépenses. Mais
ils oublient que nos dépenses sont magnifiques.
Il n'y a pas un peuple en Europe dont les maisons d'école coûtent aussi cher que les nôtres.
Ils disent, ces esprits inquiets, que notre dette
est écrasante et que nous l'augmentons tous les
jours par de nouveaux emprunts. C'est qu'ils ne
comprennent pas la fraternité et la solidarité. Il
est juste que ceux qui viendront après nous, et
qui profiteront des fruits de nos travaux, soient
associés à nos dépenses. Nous n'avons pas à
craindre d'être pris de court, puisque nous avons
sous la main les fonds des caisses d'épargne, ceux
de l'amortissement, et, au besoin, le budget des

cultes. Les géants de 1793 trouvaient des soldats
(la terre en produit de nouveaux...). Ils se passaient d'argent. (Le représentant du peuple a dit :
« Avec du fer et du pain, on peut aller jusqu'en
Chine... » Il n'a pas parlé de chaussures !) Ce que
les géants de 1793 ont fait, les géants de 1886 peuvent le faire. Il est assez clair que nous pouvons
nous passer d'argent pour aller en Chine. S'il devient trop difficile d'avoir des soldats de trois
ans, nous en aurons de dix-huit mois. Au besoin,
nous nous contenterions des bataillons scolaires.
(Ils grandiront le jour de la bataille !)

Notre commerce est languissant, beaucoup de
nos ateliers sont fermés. Ce qui doit nous consoler de cette détresse, c'est que plusieurs autres
peuples sont aussi malheureux que nous. (Les
peuples sont pour nous des frères...) Nous savons, d'ailleurs, la raison de cette misère générale : il n'y a pas de prospérité parce qu'il n'y a
pas de sécurité, voilà tout. Il vaudrait mieux
savoir le remède de la maladie, mais c'est déjà
beaucoup d'en savoir le nom. En s'élevant à un
point de vue plus élevé, qui est-ce qui souffre
chez nous ? C'est la France capitaliste. Et qui est-
ce qui nous intéresse ? C'est la France républi-

caine et ouvrière. La France capitaliste, qui se
traîne dans les vieilles ornières, croit qu'il n'y a
pas de production sans capital et sans écoule-
ment, de travail sans direction et d'ouvrier sans
atelier. Ce n'est qu'un tissu de sophismes; car
M. Basly est certainement un ouvrier, et tout le
monde sait qu'il ne travaille pas.

Nous avons longtemps demandé la liberté de
conscience; c'est le plus précieux des biens.
Nous l'avons. Déjà toutes les écoles sont laïcisées, les hôpitaux ne tarderont pas à l'être. Il n'y
a plus de calvaires dans les rues, ni de crucifix
dans les prétoires, ni d'aumôniers dans les régiments, ni d'emblèmes religieux sur les portes des
cimetières. Le serment même n'est plus qu'une
faculté à l'usage des cléricaux. Le mariage est un
contrat dissoluble par le divorce. Le droit de
l'État en matière d'éducation prime et supprime
celui des communes et celui de la famille. Quand
les évêques font les récalcitrants, nous saisissons
le temporel des vicaires, un pauvre temporel de
quatre cents francs. Cette délicieuse organisation
nous est déjà enviée par tous les peuples. Ils
finiront par s'annexer à nous pour en jouir tout
à leur aise.

Dormez en paix, citoyens, sous notre égide. Armée, travail, finance, éducation, tout va bien. Ne vous pressez pas pourtant de nous élever des statues. Cet hommage viendra plus à propos quand nous serons morts.

CHŒUR DES DÉDAIGNEUX

Vous n'êtes que des jouisseurs et des menteurs.

Vous vous êtes jetés sur les places comme cela arrive toujours après une révolution; mais ce qui vous distingue des autres révolutionnaires, c'est qu'après la première curée, qui a été copieuse, il vous en a fallu plusieurs autres. Ne pouvant plus faire de révolutions, parce qu'elles auraient été contre vous, vous avez pris dans l'arsenal des jacobins les épurations, parce qu'elles sont pour vous, et vous les avez échelonnées d'années en années. Ce curieux système vous fait la vie douce, et ne rend pas notre administration exemplaire.

Ce que vous demandez surtout à cette administration essentiellement intérimaire, ce sont des services électoraux. Elle dépend autant des électeurs que de vous. Elle est toujours en formation, comme l'armée, et comme la France.

Vous savez très bien que vous détruisez l'armée sous prétexte de la démocratiser; que vous cédez à toutes les exigences des ouvriers, ce qui détruit le capital par la suppression du revenu, en attendant des mesures plus rigoureuses; que le poids des impôts nous condamne à être toujours battus par nos concurrents sur le terrain de l'industrie, et qu'en rouvrant chaque année le grand livre, vous approfondissez notre infériorité et notre ruine.

Vous savez aussi que le Trésor est à la merci de vos électeurs; qu'après avoir pris les places à ceux qui les avaient, ils créent des places nouvelles pour les avoir; qu'on invente chaque année une nouvelle classe de héros, qui devient naturellement une nouvelle classe de pensionnés. Que de héros, depuis les héros de Juillet! Nous en sommes, pour le quart d'heure, aux héros de la Commune, qu'il faut indemniser de leurs pertes.

Vous savez que vos réformes scolaires produisent, entre autres résultats, l'abaissement du niveau des études, et que vous nous avez mis, nous, catholiques, protestants ou juifs, au point de choisir entre notre foi religieuse et la Répu-

blique. Nous demandions à être républicains.
Vous nous chassez de chez nous, de chez vous, et
de chez Dieu, à coups de revolvers. Après quoi,
vous nous demandez de prendre part à vos scru-
tins!

Votez entre vous, comme vous gouvernez entre
vous, et comme vous partagez entre vous. Il y a
dans Paris 300 000 honnêtes gens qui ne veulent
pas de compromission avec des gens véreux ;
300 000 citoyens éclairés qui se lassent d'être
battus en toute occasion par les imbéciles, et qui
ne se trouveront pas aussi complètement battus
s'ils sont restés chez eux pendant la bataille. Il
s'agit de Roche et de Gaulier, n'est-ce pas? Ou
de Michelin et de Basly? Voyez, messieurs, à
quelle sauce il vous plaît d'être mangés. Nous
pourrions sans doute avoir nos candidats à nous ;
mais ce serait se donner bien de la peine pour la
République. Nos candidats seraient peut-être
battus, malgré notre nombre ; car nous avons
perdu la qualité qui distinguait au plus haut
point le général Changarnier : l'habitude de
vaincre. Et, quand ils l'emporteraient, qu'iraient-
ils faire dans cette galère? Croyez-vous qu'une
voix de plus, dans une minorité si infime, vaille

la peine d'être disputée? Et qu'un homme ayant un peu de respect de soi-même puisse accepter la condition basse et humiliante de législateur? M. Ribot verrait à ses pieds le mandat de député qu'il ne se baisserait pas pour le prendre. Le duc de Broglie fait de beaux livres, grâce aux électeurs de l'Eure. N'ayant plus à discuter le budget de l'État, M. Germain donne un nouvel élan au Crédit lyonnais. L'économie politique était perdue pour longtemps si M. Leroy-Beaulieu avait eu le malheur d'être nommé dans l'Hérault. Que de belles pages l'élection de M. Renan nous aurait fait perdre! On frémit de penser qu'Émile Augier, Alexandre Dumas, Octave Feuillet, Sardou, pourraient être sénateurs. Que diraient les mordus, dans le monde entier, si Pasteur entrait à la Chambre?

La politique de l'inaction a parfaitement réussi, depuis 1830, au faubourg Saint-Germain. Elle nous a réussi à nous-mêmes le 18 mars 1871. Nos pères avaient une sotte devise sous la Restauration; ils disaient : « Aide-toi, le ciel t'aidera! » Le ciel, pour nous aider, n'a pas besoin que nous ôtions nos mains de nos poches.

APOLOGUE

Platon raconte qu'il y avait une fois une barque dont les mariniers, après avoir jeté à l'eau le capitaine, se battaient furieusement entre eux pour se disputer le gouvernail. Les riches passagers, commodément assis à l'arrière, se riaient de leurs efforts, en admirant profondément leur propre sagesse. Personne ne regardait l'état du ciel.

Tout à coup le vent s'éleva, la mer fut bouleversée par la tempête, et la barque s'engloutit avec tous ceux qui la montaient.

III

LE CLÉRICALISME

VOILA L'ENNEMI

I

LE BUDGET DES CULTES

La commission du budget, ayant à nommer un rapporteur du budget des cultes, a choisi M. le comte de Douville-Maillefeu.

Le rapport est très court. Il a neuf pages, en dehors du projet de loi. Sur ces neuf pages, les trois premières, qui, d'ailleurs, ne sont pas les moins intéressantes, ne renferment que des explications sur la situation personnelle de M. le comte de Douville-Maillefeu et sur les raisons qui l'ont déterminé à accepter les fonctions de rapporteur. Six pages seulement sont consacrées à énumérer les résolutions de la commission. Je dis : énumérer, et non : expliquer; car M. de Douville-Maillefeu n'explique rien; il se contente de déclarer, à propos de chaque résolution, si elle est faite d'accord avec le gouvernement ou en contradiction avec le gouvernement, et d'ajouter d'une façon générale que toutes les réductions proposées par la commission sont rigoureusement conformes à l'esprit et à la lettre du Concordat et des articles organiques. Ce rapport plus que sommaire se termine par la formule d'usage : « En conséquence, votre commission a l'honneur de vous proposer...; » mais tout le monde comprend, et M. le comte de Douville-Maillefeu a tenu à ce qu'on le comprît, que cela signifie : « La commission, vous le propose; mais, si vous le refusez à la commission, cela fera le plus grand plaisir à son rapporteur. »

Le premier budget des cultes, celui qui a été appliqué en 1802, immédiatement après la conclusion du Concordat, ne s'élevait qu'à 1 258 000 francs. C'est qu'on ne pouvait pas payer des pasteurs qui n'existaient pas. On n'avait pas fait d'ordinations depuis onze ans. Parmi les prêtres ordonnés avant 1791, beaucoup avaient été tués, beaucoup étaient exilés, un certain nombre s'étaient mariés et avaient quitté la profession sacerdotale. Dans ce pays où l'église catholique avait été si longtemps proscrite, il y avait deux églises catholiques, qui se détestaient et s'anathématisaient l'une l'autre, et qu'il fallait, désormais, confondre dans une hiérarchie unique. Cette fusion nécessaire fut une opération difficile, même pour le premier consul, qui avait peu de scrupules et beaucoup de force. L'organisation ecclésiastique ne fut complète qu'au bout de quelques années. On peut dire qu'il n'y eut de budget des cultes régulier qu'à partir de 1805.

Le budget des cultes le plus élevé, sous l'Empire, est celui de 1812, qui monte à 18 millions. Le budget le plus élevé de la Restauration est celui de 1830; il est de 36 500 000 francs. Le plus élevé, sous Louis-Philippe, est celui de 1848 : 40 millions en chiffres ronds (39 968 000 francs). Il s'augmente encore sous la République de 1848 et sous l'Empire. Il était, en 1869, de 54 632 936 francs. De 1872 à 1884, il fut en moyenne de 53 500 000 francs. Il était, en 1884, de 51 407 000 francs, avec une réduction sur l'année précédente de 2 093 000 francs.

En même temps qu'on fait ces comparaisons, il

importe de rappeler que la valeur de l'argent et les conditions de la vie matérielle ont été profondément modifiées pendant le cours du siècle. Ainsi, pour prendre un exemple familier à la commission du budget, il est évident que l'indemnité de 9000 francs que s'étaient allouée les représentants du peuple en 1848, était en réalité très supérieure à cette même indemnité de 9000 francs, actuellement attribuée aux députés et aux sénateurs; et cette différence ne tient pas uniquement à l'accroissement du prix d'acquisition de la charge.

Le gouvernement avait d'abord présenté pour 1885 un budget inférieur seulement de 400 000 fr., au budget de 1884. Mais, quand on prit la résolution louable de faire partout des économies, il rectifia le budget des cultes comme tous les autres, un peu plus, je crois, que la plupart des autres, et réduisit la demande à 47 620 306 francs. La réduction était comme on le voit de 3 474 760 fr. C'est un chiffre respectable. M. Martin-Feuillée, qui n'est pas trop clérical, n'avait pas cru pouvoir aller au delà.

La commission a trouvé le moyen de réduire encore d'environ trois millions (2 937 900) ce

budget ainsi réduit, et elle propose en conséquence au vote de la Chambre, par l'organe de
M. le comte de Douville-Maillefeu, un crédit total
de 44 682 406 francs. C'est dix millions de moins
qu'en 1869.

Je trouve, pour ma part, qu'il est de toute justice,
quand on diminue tous les budgets, de diminuer
aussi celui des cultes. Je n'ai d'objections que sur
la façon et la quotité. Je dirai pourtant ici qu'en
général je n'attends pas grand'chose de ce genre
d'économies. Elles rapportent peu d'argent au
Trésor et font beaucoup de malheureux. Elles ont,
d'ailleurs, l'inconvénient d'être temporaires; la
première préoccupation d'un ministre qui a supprimé un emploi est de le rétablir. Les ministres
républicains sont tout aussi sollicités et tout aussi
débonnaires que l'étaient ceux de l'Empire. On
m'affirmait l'autre jour que le nombre des pensions de retraite s'accroit dans une proportion
inusitée, parce qu'on met de côté des hommes
encore capables pour ouvrir la porte à des favoris.
Si cela est, cette conduite contraste singulièrement avec les sévérités du nouveau budget. Les
vraies économies sont celles qui suppriment
les abus et non pas celles qui appauvrissent

de bons serviteurs. Le Parlement nous aurait épargné bien des millions, sans compter le reste, si, usant de son droit, il avait arrêté immédiatement une guerre sans issue, entreprise contre sa volonté formelle. Mais passons. Je suis le premier à reconnaître qu'il y a des économies possibles sur le budget ordinaire, et je suis d'avis qu'on les fasse. Encore faut-il les faire à propos, et y mettre un peu de justice et de politique.

On retranche environ 40 000 francs sur les frais de l'administration centrale, 65 000 francs sur le traitement des archevêques et évêques, 80 000 francs sur leur mobilier, des sommes importantes sur les cathédrales en voie de réparation, sur les grosses réparations des édifices diocésains, etc. Je ferai remarquer que nos cathédrales gothiques sont un des plus beaux ornements de la France. Elles sont la richesse et l'orgueil des villes qui les possèdent. Le crédit pour la cathédrale de Reims est diminué de 100 000 francs; ce n'est pas un simple ajournement : la cathédrale, qui est une merveille, menace ruine. L'énorme diminution opérée sur les grosses répations des édifices diocésains, sur les frais d'entretien, etc., pourrait bien avoir pour résultat d'augmenter dans l'avenir les dépenses nécessaires. On supprime le chapitre de Saint-Denis, ce qui accroitra beaucoup les difficultés de l'administration. Les évêques, il ne faut pas l'oublier, sont inamovibles ; on ne peut obtenir la démission d'un évêque que de lui-même. Si on donne aux démissionnaires une pension de retraite (et cela est difficile, parce que nous n'avons pas de fonds de retraites ecclésiastiques), que gagne-t-on à la suppression du chapitre? Les évêques faisaient une grande différence entre la position équivoque d'évêque pensionné, et un canonicat de premier ordre à Saint-Denis.

On peut faire le même raisonnement pour les chapitres diocésains, qui suppléaient à l'absence d'un fonds de retraite pour les curés. Je ne reviens pas sur la suppression de l'indemnité des cardinaux; c'est presque maintenant de l'histoire ancienne. J'avoue qu'il faut avoir bien peu de sens politique pour renoncer de gaieté de cœur à exercer une influence sur l'élection du pape et sur sa politique en matières spirituelles. Enfin, le traitement des archevêques et évêques, déjà diminué, subit une nouvelle réduction. Tout cela est regrettable. L'irritation et le malaise qui en résultent sont bien imparfaitement compensés par les petites sommes qu'on économise. Mais enfin, la France peut laisser tomber ses cathédrales; elle peut abandonner les édifices paroissiaux à la bonne volonté des fidèles; les évêques peuvent vivre aussi simplement que leurs curés. Ils le font déjà. Il faut reconnaître de bonne foi que la plus grande partie de leurs revenus passe en bonnes œuvres. Quoique tout cela soit mesquin, vexatoire, contraire aux vrais intérêts du pays, on pourrait à la rigueur y consentir, pour obéir aux éplucheurs de budgets et aux pourfendeurs du cléricalisme.

Mais ce qui est bien autrement grave, c'est la suppression des bourses de séminaires; ce sont les réductions opérées sur le bas clergé; c'est le langage tenu par M. de Douville-Maillefeu, au nom de la commission la plus importante de la Chambre. Il y a, dans ce triple fait, un sujet d'irritation légitime pour les catholiques, et c'est déjà un malheur. Mais je n'ai ni le droit ni la volonté de parler au nom des catholiques Je ne regarde que la politique dans cette affaire.

Je sais bien qu'on m'accuse de faire de la politique cléricale; mais, comme je sais aussi que j'ai toujours été, que je suis et que je serai jusqu'à la fin hostile à la domination du clergé et à son ingérence dans les affaires politiques, je m'inquiète peu de ces accusations, d'autant plus que ceux qui les font en connaissent la fausseté. Je parle en libéral, en bon citoyen; et je dis que, par la suppression des bourses, on va rendre presque impossible le recrutement du clergé; que, par une réduction de 72 000 francs sur le traitement des curés, de 2 224 900 francs sur le traitement déjà presque dérisoire des desservants et des vicaires, on va réduire plus de 40 000 prêtres à la misère, et que, par de perpétuelles menaces, à peine dignes de législateurs et d'hommes politiques, on les pousse à la haine du gouvernement républicain. Je suis si loin de partager, sur toutes ces questions, les opinions qui dominent dans la Chambre des députés, et même, à ce qu'il paraît, dans le gouvernement, que j'aurais conseillé à la République de prendre en main la cause du clergé paroissial, de lui assurer le nécessaire, et de lui donner un peu de dignité et de sécurité, dont il manque.

Voulez-vous supprimer la religion? Croyez-vous que vous y gagneriez? Espérez-vous y réussir? Si vous ne l'espérez pas, si vous savez qu'il y aura toujours des prêtres, n'avez-vous pas un intérêt direct, et tout à fait indépendant de l'intérêt religieux proprement dit, à ce qu'ils soient recrutés dans de bonnes conditions? à ce qu'ils soient traités comme les autres citoyens? à ce qu'ils puissent compter, comme nous tous, sur la justice et la bienveillance du gouvernement républicain? à ce qu'ils ne soient pas contraints et forcés, en quelque sorte, de devenir ses ennemis? Les républicains de mon temps croyaient utile et juste de s'en faire, au contraire, des amis. Ils s'intéressaient à ces fils de paysans, devenus les professeurs de morale des paysans. On aurait bien fait de conserver et de poursuivre cette tradition. Je crois que c'eût été la sagesse. On va de l'autre côté. Dieu veuille qn'on n'ait pas à s'en repentir.

II

LE RECRUTEMENT DU CLERGÉ

Palaiseau et Montacabert s'étant rencontrés
sous un berceau de feuillage, au bord d'une onde
pure, s'assirent sur un banc champêtre et eurent ensemble la conversation suivante. Montacabert est le redoutable chef de la gauche la plus
radicale ; Palaiseau est un jeune néophyte ; ses
vœux, comme ceux de Lindor, sont ceux d'un simple bachelier ; il accepterait avec délices une place
de sous-secrétaire d'État si on voulait bien la lui
donner.

Palaiseau. — Avez-vous lu *le Matin* ?

Montacabert. — Comment, Palaiseau, vous

me demandez, à moi, président de la gauche supra-
radicale, de la commission du budget et du futur
ministère, si je remplis le premier devoir d'un
homme d'État, qui est de puiser ses informations
aux meilleures sources ?

PALAISEAU. — Pardon ! je vous demande si
vous avez lu *le Matin* de mercredi dernier.

MONTACABERT. — L'article sur la loi militaire
et les dispensés conditionnels ? Oui, je crois que
je l'ai lu. Je l'ai aperçu dans tous les cas. Et
vous, est-ce que vous lisez ces choses-là ?

PALAISEAU. — Quelquefois... Il faut bien connaître toutes les opinions... Je vous avoue, au surplus, que cette lacune de trois ans, au beau milieu
des études d'un jeune homme, n'est pas sans
me causer des inquiétudes.

MONTACABERT. — Parbleu !

PALAISEAU. — Je crois que, si Goblet s'avisait de placer des vacances de trois ans entre
la seconde et la rhétorique, nous penserions,
vous et moi, qu'il ferait mieux de fermer les
lycées.

MONTACABERT. — Assurément.

PALAISEAU. — Nous trouvons déjà que des vacances de deux mois sont bien longues, et que

les enfants, en revenant au collège, ont bien de la peine à se remettre au travail.

MONTACABERT. — La plus grande peine.

PALAISEAU. — Ils ont oublié la moitié de ce qu'ils avaient appris. Des vacances de six semaines suffiraient.

MONTACABERT. — Ou d'un mois.

PALAISEAU. — Mais trois ans de vacances entre la philosophie et l'École normale, c'est une absurdité.

MONTACABERT. — C'est un meurtre.

PALAISEAU. — Beaucoup de jeunes gens prendront des goûts de dissipation et ne pourront plus revenir à la vie d'un lettré et d'un professeur.

MONTACABERT. — Et ce qui est pire que de renoncer à l'École normale, c'est d'y entrer en apportant avec soi des habitudes de caserne.

PALAISEAU. — Nos soldats sont des modèles de courage et de discipline, mais ce ne sont pas des modèles de bon ton.

MONTACABERT. — Ni de chasteté.

PALAISEAU. — Ni de sobriété.

MONTACABERT. — Ils vont au cabaret plus souvent qu'à la bibliothèque.

PALAISEAU. — Bien heureux quand ce n'est qu'au cabaret.

MONTACABERT. — Les Allemands ne sont pas si sots que nous. Ils organisent leurs régiments de manière à permettre aux étudiants de continuer leurs études. Ils les placent en garnison dans les villes d'Universités. Ils ne se croient pas obligés de les occuper du matin au soir à des besognes corporelles qui les fatiguent à l'excès et les épuisent au lieu de les fortifier.

PALAISEAU. — Ils ne les tiennent à la caserne et aux exercices militaires que le matin. Toute l'après midi est consacrée au travail intellectuel. Le temps du volontariat interrompt à peine les études.

MONTACABERT. — Il ne les interrompt pas du tout.

PALAISEAU. — Voyez-vous d'ici un jeune peintre qui revient à l'École des beaux-arts après trois années passées dans une caserne de cavalerie?

MONTACABERT. — En voilà un qui aura la main légère! et le dessin correct! et le goût épuré!

PALAISEAU, *rêveur.* — Il sera peintre impressionniste...

MONTACABERT, *qui est un classique sévère.* —
Il vaudra mieux qu'il soit peintre d'enseignes.

PALAISEAU. — Et qu'il fasse de l'art décoratif
à la toise.

MONTACABERT. — Et le normalien, cher ami !
Que va-t-il faire de tous ses refrains de café con-
cert? (*Il entonne un des refrains de Paulus,
et continue par une ritournelle de Libert; mais
il s'arrête tout à coup au beau milieu de sa
roulade, et rougit jusque derrière les oreilles.*)

PALAISEAU, *comme sortant d'un rêve.* — Mais
cher ami, vous avez l'air d'être de mon avis ?

MONTACABERT. — Pourquoi n'en serais-je
pas ?

PALAISEAU. — Et de l'avis de ce… journaliste?

MONTACABERT. — Une fois n'est pas coutume.

PALAISEAU. — Vous pensez donc que le service obligatoire de trois ans, avec suppression
de toutes dispenses conditionnelles, peut nous
priver de beaucoup d'hommes de talent.

MONTACABERT. — Sans doute.

PALAISEAU. — De nos peintres, de nos musi-
ciens, de nos poètes?

MONTACABERT. — De tout ce qui honore et
grandit un peuple.

PALAISEAU. — Et, malgré cela, vous croyez que l'intérêt militaire est assez grand pour nous obliger à subir cette dégradation?

MONTACABERT. — Quel intérêt militaire? Vous moquez-vous? A cette nouvelle loi, la France perd beaucoup et l'armée ne gagne rien. Que gagnerait-elle? Quelques hommes de plus? c'est un chiffre ridicule. De bons soldats? c'est plus que douteux. Je ne me représente pas Victor Hugo caporal. A l'âge où nous l'enverrions balayer les chambres et les escaliers, porter le pain ou la viande sur une civière, faire des marches et des contre-marches dans l'ordre concentré ou dans l'ordre dispersé, il avait déjà publié les *Odes et Ballades.*

PALAISEAU, *ébahi.* — Mais alors, cher ami, pourquoi votez-vous la loi, puisque vous la trouvez mauvaise? Pourquoi poussez-vous des cris de rage contre ceux qui disent à la tribune ce que vous venez de me dire au doux murmure de cette eau limpide? Pourquoi, du haut de la tribune, avez-vous foudroyé Mézières et Lenient? Pourquoi...?

(Montacabert sourit avec une bonté paternelle.)

PALAISEAU, *troublé.* —De tout autre, je dirais qu'il a une opinion pour lui et une opinion pour ses électeurs...

Montacabert se redresse, un éclair jaillit de ses yeux. Palaiseau se hâte d'ajouter :

— Mais je connais votre intégrité, votre courage... Vous êtes de ceux qui font l'opinion et non pas de ceux qui la suivent.

(*Il balbutie et baisse les yeux avec embarras. — Moment de silence.*)

Montacabert caresse sa longue barbe.

— Vous êtes un aveugle, dit-il enfin.

PALAISEAU. — Mais encore...

MONTACABERT, *éclatant.* — Le cléricalisme, monsieur! le cléricalisme, voilà l'ennemi! Le cléricalisme ne résistera pas au service obligatoire de trois ans. Nous avons supprimé les bourses de séminaires; nous supprimons la dispense du service militaire. Le cléricalisme a vécu !

Un long silence succède à cette révélation. Palaiseau est comme illuminé. Il comprend pour la première fois Paul Bert, Jules Roche, Rocques de Filhol et Montacabert. Il se demande s'ils ne sont pas plus grands que les géants de la Convention. Il hasarde encore quelques objections, comme un fuyard qui tire un coup de fusil aux moineaux dans l'effarement de sa défaite.

PALAISEAU. — Je crois qu'il n'y aura plus de benêts après trois ans de service ; mais il y aura des papelards qui compteront vivre grassement aux dépens des bonnes âmes.

MONTACABERT, *triomphant de plus en plus.* — Le loup dans la bergerie ! C'est sur lui, avant tout, que je compte. Avec le loup, la situation est magnifique ! Il n'entrera plus que des aigrefins dans les séminaires. Tous des loups ! Je n'affame pas seulement l'Église, je la déshonore !

Palaiseau connaît à ces mots qu'il faut changer le titre de la loi. Ce n'est plus du recrutement militaire qu'il s'agit, c'est du recrutement cléri-cal. Il prend en pitié le vulgaire ignorant, qui ne soupçonne pas ces profonds arcanes. Montacabert et toute la bande lui apparaissent aussi grands que les géants de la Convention. Il se demande avec anxiété s'il est digne de servir sous de pareils maîtres. C'est une âme ingénue. Le soir, en rentrant, il dit à Azélie : « Ma pauvre enfant, il faudra peut-être nous contenter d'une présidence à la Cour des comptes ! »

III

LA RÉPUBLIQUE ET L'ÉGLISE

L'Église est la principale passion des républicains ; j'entends des républicains qui nous tiennent. Depuis qu'ils sont les maîtres du pays, ils ne cessent de s'occuper d'elle. Ce n'est pas pour lui faire du bien.

Ils disent que, quand l'Église était à la place où ils sont aujourd'hui, elle se montrait assez dure pour leurs doctrines et pour leurs personnes. Elle s'y trouvait bien, probablement, car elle s'est donné beaucoup de mouvement, dans les occasions, pour s'y installer de nouveau. Elle n'a pas le droit de se plaindre, puisque c'est elle qui a commencé. Le traitement qu'elle subit n'est pas une agression : c'est une revanche.

J'aime ce langage, parce qu'il est franc. Il n'a pas d'autre mérite. Je suis à mille lieues de penser que la politique consiste à occuper la forteresse l'un après l'autre, et à tirer incessamment des coups de canon l'un contre l'autre. Je crois que, s'il en était ainsi, l'histoire ne serait qu'une tuerie perpétuelle, et que ceux qui ne savent pas pardonner ne savent pas progresser. Mais, enfin, c'est quelque chose, quand on a un sentiment, même mauvais, de ne pas le cacher.

Les gouvernements, en général, n'ont pas cette liberté de langage. Ils frappent, mais ils bénissent. Ils obéissent à M. Jules Roche, mais ils s'indignent contre Mgr Freppel, s'il a le malheur de les accuser d'intolérance. Leur excuse est dans la position déplorable où se trouve un gouvernement quand il est notoirement l'ennemi de la majorité de ses administrés. Plus il sent qu'il n'est dans l'État qu'un parti, plus il s'efforce de faire croire qu'il n'a d'autre intérêt que le bien commun.

Nous avons vu cela de nos jours. M. Gambetta, sur la fin, et M. Ferry, tout le temps, se sont posés en protecteurs de l'Église. De bonne foi, ils ne l'avaient ni l'un ni l'autre accablée de leur bienveillance. C'est M. Gambetta qui a poussé le fameux cri de guerre : « Le cléricalisme, voilà l'ennemi! » et ce cri sera sans doute gravé sur le monument qu'on lui élève, par souscription nationale, au milieu de la place du Carrousel. M. Ferry est l'auteur de l'article 7. C'est lui qui, pour se venger de n'avoir pas réussi à chasser les congréganistes de l'enseignement, a eu l'idée très pratique de les chasser de la France. Les décrets du 29 mars sont le point culminant de la campagne contre le clergé ; mais l'attaqne a porté sur tous les côtés sensibles avec une habileté et une précision dignes d'une meilleure cause. L'histoire de cette persécution, quand on l'écrira, sera très attachante, parce qu'elle sera très variée.

Avant d'aller plus loin, je dois dire que, sauf l'article 7, qui même était du réchauffé, je n'attribue pas à M. Ferry le mérite de l'invention. Ce ne sont pas les gouvernements qui inventent ces armes-là, parce qu'elles brûlent la main qui s'en sert. Voici comment les choses se sont passées sous nos yeux. Un groupe, préoccupé de rendre la République invulnérable, découvrait qu'il n'y avait pas

de plus sûr moyen pour y parvenir que d'ôter les
crucifix de toutes les écoles et de tous les prétoires.
Aussitôt, M. Ferry faisait partir Hérold avec son
tombereau. « Ce n'est qu'une question de mobilier, » disait Hérold, qui faisait l'indifférent,
mais qui jubilait. Le groupe voisin, pour ne pas
rester en arrière, s'avisait qu'il serait à propos
d'enseigner désormais le catéchisme dans l'église,
et de ne plus l'enseigner du tout dans l'intérieur
de la maison d'école. M. Ferry se chargeait de la
démonstration, tout en haussant les épaules. Une
autre fois, c'étaient les chanoines qui paraissaient tout à coup effrayants. Six ou huit vieux
prêtres, occupés à chanter des psaumes dans la
cathédrale et à donner des conseils à leur évêque,
en recevant pour cela un traitement de 2000
francs, n'était-ce pas une coupable dilapidation
des finances? M. Ferry le reconnaissait avec douleur, quand Clémenceau lui mettait le doigt sur
la plaie. Il ne craignait pas les chanoines, et
même il les aimait; mais il aimait encore plus
l'équilibre du budget, qui ne pouvait absolument
se faire qu'en les supprimant. Tous les ministres
montraient la même bienveillance et la même résignation dans les affaires du clergé. Quelques

amis de l'art musical ayant demandé un crédit de treize mille francs pour sauver au moins une ou deux maîtrises, le ministre des finances déclara que personne n'était plus passionné que lui pour les progrès de la musique, mais qu'une dépense de treize mille francs était au-dessus de nos forces. Il valait bien mieux employer cette somme à combler le déficit.

Pendant huit ans, chaque session a apporté son petit contingent de vilenies. Les ministres ne manquaient pas de dire au clergé, d'un air attendri : « Acceptez ces légères tracasseries de la part de gens qui, après tout, vous sont dévoués, puisqu'ils sont concordataires. Ce ne sont que des coups d'épingle. »

Sans doute, nous sommes très loin du Comité de salut public, qui déportait les prêtres en masse, et, au besoin, les guillotinait ; de Carrier, qui les noyait dans la Loire ; du Directoire, qui voulait les contraindre à chômer le décadi et à travailler le dimanche, et des communes du Finistère, qui défendaient, sous peine d'amende et de prison, de vendre du poisson le vendredi. Mais il n'est pas nécessaire d'être guillotiné pour être persécuté.

Rien n'était plus intéressant que de voir M. Ferry

se débattre quand on l'accusait de malveillance pour la religion et la vieille morale de nos pères. Il mettait alors la main sur son cœur : « Moi, disait-il, moi, persécuter le clergé ! Mais je le respecte, je le vénère, je suis son défenseur. » Et c'était vrai! Il n'était jamais plus content que quand il pouvait ne pas exécuter les lois qu'il avait faites.

Vous savez que c'est un excellent homme. Il taquinait le clergé, comme il a taquiné les Chinois, uniquement dans la mesure de ce qui lui était nécessaire pour se soutenir. Hors de là, il ne demandait qu'à leur faire du bien, comme à tout le monde.

Il fallait l'entendre dire avec fierté : « Je suis concordataire ! » Cela plaisait beaucoup au clergé et ne déplaisait pas aux républicains.

Cette question cléricale est, en vérité, un nid de surprises. C'était déjà un spectacle étonnant que de voir le Concordat accepté par les uns comme un bouclier, et par les autres comme un carquois tout rempli de flèches empoisonnées. L'année 1886 nous réservait une plus grande merveille. Il paraît qu'on ne veut plus du Concordat, et, cette fois, c'est le gouvernement qui le dit, sans y être provoqué par aucun groupe. A qui veut-il plaire? Aux catholiques, qui sont les plus nombreux? Aux républicains, qui sont les plus puissants? Et, au fond, qu'a-t-il à nous dire sur cette séparation? Veut-il la faire, ou l'empêcher?

Le meilleur moyen de l'empêcher n'est pas de la discuter. Il propose la discussion, donc il veut l'opération. Opération bien scabreuse en tout temps, même pour un gouvernement non discuté, et pour un ministère en pleine possession de sa majorité. Tout ce que j'en veux dire pour le quart d'heure, c'est que ce n'est pas une mesure d'apaisement, et que tous les gouvernements jusqu'à celui-ci en avaient une peur bleue.

J'ai rencontré, l'autre jour, un de nos plus aimables et de nos plus ronds députés de la Seine. On sait qu'il y a les ronds et les anguleux. Il y a aussi les connus et les inconnus; car notre députation est comme une planète, lumineuse d'un côté, obscure de l'autre. Celui-ci est très connu. Ce n'est pas un savant; ce n'est pas non plus un ignorant; c'est un lettré à sa manière, qui n'est ni la manière de Mézières, ni celle de Rochefort. Il ne joue pas un grand rôle à la Chambre, mais il a une grande et légitime influence sur le corps électoral ; et, quoiqu'il n'ait jamais gravi les huit marches de la tribune, partout où il ouvre la bouche dans une assemblée populaire, soit pour parler, soit pour chanter, il est couvert d'applaudissements. Il est gai sans être un plaisantin, énergique sans être provocant, fidèle à son parti sans faire le renfrogné contre les dissidents ; enfin, tel que vous le voyez, avec son grand manteau vert, ses fines moustaches et son chapeau sur l'oreille, c'est un bon garçon et un républicain solide. « Vous n'aurez pas de majorité », lui disais-je. Et lui, avec son bon sourire jovial : « Jamais de la vie ! — Vous n'en aurez sur aucune question. — Je vous crois. — Que faire alors ? » Là-dessus, levant les yeux au ciel et les bras par-dessus sa tête sans cesser de sourire, il avait l'air de dire qu'il était prêt à toutes les surprises. Mais tout à coup, se ravisant : « Il y a un moyen, me dit-il, de trouver une majorité dans la gauche ; un moyen infaillible. — Lequel ? — Taper un grand coup sur les cléricaux ! »

Et moi, riant aussi, et lui serrant cordialement la main : « Mon cher ami, lui dis-je, vous n'êtes bons qu'à être mis à la porte ! »

IV

LE CONCORDAT DE 1801

Il y a bien loin de 1801 à 1886. Cependant, c'est la même nature humaine, la même France, la même religion catholique. Il ne faut ni exagérer ni négliger les enseignements de l'histoire.

La France, en 1790, entreprit de corriger les abus de l'Église catholique; ils étaient nombreux; elle les corrigea. Elle prétendit n'avoir réformé que la discipline, sans toucher au dogme. Elle se trompait; la réforme s'étendait bien au delà de la discipline. Le pape déclara solennellement que la nouvelle Église constitutionnelle était schismatique. Il y eut aussitôt deux Églises en France, et deux clergés : l'un officiel, subventionné, en possession des églises et des presbytères; c'était le clergé schismatique; l'autre, déclaré libre dans les premiers temps, mais sans protection et sans ressources, et qui ne tarda pas à être violemment persécuté; c'était le clergé orthodoxe.

L'Assemblée avait imposé aux prêtres, à ceux du moins qui remplissaient une fonction publique, l'obligation de prêter serment à la Constitution civile du clergé. Ce serment dut être prêté publiquement, à bref délai, à la messe paroissiale, devant la municipalité. Les insermentés furent, dès le premier jour, traités en ennemis publics, et peut-être le devinrent-ils rapidement par une conséquence naturelle de la persécution. On commença par leur interdire l'exercice de leur culte ; puis ils furent déclarés suspects; puis on les condamna en masse à la déportation ; ce fut l'affaire de quelques semaines. La foule pénétra dans les prisons où on les entassait avant de les déporter, et les massacra. Ceux qui tentaient de se cacher furent livrés aux tribunaux révolutionnaires. On pouvait croire, en 1794, que cet immense clergé de France, qui comptait plus de 120000 prêtres avant la Révolution, avait péri de

misère sur tous les chemins du monde ; qu'il avait
été guillotiné, noyé, fusillé, exterminé. Cependant, lorsqu'il y eut une lutte après Thermidor,
entre les thermidoriens, qui voulaient continuer
le régime de la Terreur, et l'immense majorité du
pays, qui voulait revenir à la liberté, il se trouva
qu'un nombre assez considérable de réfractaires
avaient échappé à toutes les recherches ; d'autres
accoururent par toutes les frontières. Mais ils
n'eurent pas même le temps de respirer entre
deux orages. Le coup d'État de Fructidor ramena
les persécutions avec cette unique différence, que
Sinnamari remplaça la guillotine.

L'histoire du clergé constitutionnel est moins
sanglante, sans être moins douloureuse. Les
prêtres-jureurs eurent à se défendre contre les
réfractaires qui les traitaient d'intrus et de schismatiques, contre les autorités locales, qui, presque partout, les regardaient comme des suspects,
contre les clubs, qui haïssaient le prêtre, quel qu'il
fût, par cela seul qu'il était prêtre, et, pour comble
de misère, contre le décri public, justifié par la
conduite de quelques-uns de leurs confrères. Des
évêques se marièrent ; d'autres abandonnèrent
leur diocèse, ou ne purent y faire reconnaître

leur autorité; d'autres, comme Gobel, publièrent des mandements qui sont la honte de l'esprit humain. Le désordre fut encore plus grand parmi les simples prêtres. Les apostasies devinrent si nombreuses et si bruyantes, que Danton exprima publiquement son dégoût. Les traitements qui avaient été promis ne furent jamais payés régulièrement ; on les réduisit, en 1792, à une somme dérisoire (6 000 francs à l'évêque de Paris, au lieu de 50 000) ; enfin un décret de 1794 les supprima. La persécution, longtemps suspendue par leur obéissance et leur résignation, éclata après Fructidor. Ils furent emprisonnés, déportés; et les réfractaires, qui étaient des ennemis implacables, prononcèrent sur eux ce jugement, qu'ils perdaient les bénéfices de leur trahison, et n'en conservaient que l'opprobre.

L'histoire sera beaucoup moins sévère pour ceux des constitutionnels qui restèrent fidèles à leur vocation, en dépit des mauvais traitements et des périls. Au moment où le premier consul discutait les bases du Concordat, l'Église constitutionnelle, qui se qualifiait d'Église gallicane, tenait à Paris son second concile national. Le premier avait eu lieu en 1797. Trente-trois évêques et soixante-huit prêtres y avaient pris part. Quarante-sept évêques étaient présents ou représentés au concile de 1801. A la même date, le culte était célébré, par des prêtres constitutionnels, dans 40 000 paroisses. Cela ne signifie pas qu'il en restait 40 000, parce que beaucoup d'entre eux desservaient à la fois plusieurs paroisses. Nous ne savons pas le chiffre des membres subsistants de l'ancien clergé. Les évêques étaient au nombre de quatre-vingt-trois, résidant pour la plupart en Angleterre. Beaucoup de curés étaient rentrés dans leurs anciennes paroisses et célébraient le culte dans des maisons particulières, en attendant le moment de se substituer aux intrus. Dans plusieurs diocèses qui n'envoyèrent pas de députés au concile, les prêtres donnèrent pour raison que, s'ils s'éloignaient momentanément de leur église pour se réunir en assemblée électorale, ils ne la retrouveraient plus à leur retour.

Il ne s'agissait donc pas, pour le premier consul, de relever les autels, suivant l'expression consacrée, puisqu'il y avait, presque partout, un autel, un prêtre constitutionnel pour le desser-vir, et un prêtre réfractaire qui le guettait pour prendre sa place. Les autels s'étaient relevés d'eux-mêmes. La seconde persécution, celle qui avait éclaté après le coup d'État de Fructidor, avait fait des victimes et n'avait pas fait de déserteurs. La liberté des cultes était écrite dans la loi ; on n'avait pu la violer qu'en invoquant la raison d'État, éternel prétexte de tous les crimes politiques. Le premier consul fit sortir de prison tous les prêtres de l'un et de l'autre clergé qui s'y trouvaient à son avènement. Il aurait pu se borner à cela, et donner la liberté sans concordat, en y ajoutant des subsides, qui d'abord étaient une dette, et que l'État ne refuse jamais aux grands services publics, même à ceux qu'il ne met pas sous sa main. Jamais à aucune époque la liberté religieuse n'a été si facile à donner et à faire accepter ; mais Bonaparte ne pensait à une liberté, quelle qu'elle fût, que pour la détruire.

Madame de Staël a dit qu'il lui fallait un clergé comme il lui fallait des chambellans. Ce n'est là qu'une injure. Il lui fallait un clergé, non pour décorer sa cour, mais pour servir sa politique. Il avait en cette matière deux maximes : la première, c'est que la religion ne peut être supprimée ; la seconde, c'est que, si elle n'est pas un auxiliaire, elle est un péril. Il était personnellement d'une indifférence absolue: mais il pensait qu'il faut une religion aux peuples, pour compléter et suppléer les effets de la loi pénale. Il avait parlé en musulman aux Égyptiens, en théologien aux curés de Milan, et il était tout prêt, le cas échéant, à jouer le rôle d'empereur très chrétien.

Il trouva des obstacles autour de lui. La haine des prêtres était le seul point commun entre ses ennemis les idéologues, et ses soldats. Il brisa sans peine cette double opposition. Leur petit nombre, et la nature même de leurs pensées, rendaient les idéologues impuissants; et l'armée était subjuguée d'avance par son dévouement absolu à la personne de son général. Le gros de la bourgeoisie était hostile au clergé, mais résolu à toutes les obéissances. La population rurale était partagée entre le désir de retourner à l'église et la crainte de restituer les biens nationaux.

Il eut bien vite pris son parti. S'il remontait à la Pragmatique de Charles VII, il créait un clergé libre, et par conséquent une force contre lui. Il le pensait du moins. Même conséquence encore, s'il revenait au Concordat de François Ier, avec cette aggravation, dans ce dernier cas, qu'il eût donné au clergé un chef étranger et puissant. La Constitution civile du clergé lui convenait par sa simplicité et son adaptation aux divisions politiques. Elle n'avait à ses yeux d'autre tort que d'introduire dans l'Église le principe électif. Il supprima l'élection, et dès lors il put accepter la constitution civile tout entière. Il s'attribua le droit de nommer les évêques. Il se fit leur maître absolu, et les rendit maîtres absolus du clergé inférieur.

Pourquoi voulut-il que l'Église de France fît partie de l'Église universelle? Pourquoi, au lieu de faire de cette organisation du clergé une loi de l'Empire, en fit-il un Concordat avec le pape? Pourquoi ce partage, pendant qu'il pouvait tout prendre?

En premier lieu, il avait le sentiment qu'une religion doit être séculaire pour être vraiment forte. C'est un sentiment analogue qui lui faisait dire : « Que ne suis-je mon petit-fils ! » Il pensait qu'une nation sur laquelle a passé le xviiie siècle ne pouvait croire à un prophète qu'à condition de ne pas le voir. Il se rattachait à Rome par cette raison, qui était mystique pour la foule, et pratique pour lui.

En second lieu, il était en présence de deux Églises acharnées l'une contre l'autre. La pacification par des moyens humains eût été longue, difficile, incertaine. Il ne voulait, ni ne savait, ni ne pouvait attendre. Il fit dire au Pape : « Vous signerez dans trois jours; » comme on dit à un assiégé : « Vous avez jusqu'à demain. »

Troisièmement, il importait à sa politique d'avoir au dehors un allié sacré, au lieu d'un ennemi implacable et insaisissable. Il pouvait vaincre toute force qui était une armée; mais celle-là était tout autre chose qu'une armée; c'était une de ces forces morales qu'on grandit en les vainquant. Il ne disait pas le fond de sa pensée en ne l'évaluant qu'à deux cent mille hommes.

Qui a fait le Concordat? Ce n'est ni le Pape, ni la cour du Pape, ni le cardinal Gonzalvi. Ce n'est ni le conseil d'État, ni aucun homme d'État français : c'est Bonaparte. — Il l'imposa des deux côtés : à son peuple tout autant qu'à son nouvel allié. Il ne ménagea pas celui-ci. D'abord, il le contraignit à déclarer que la religion catholique n'était que la religion de la majorité, ce qui était renoncer à la religion d'État. Il lui imposa la nouvelle division des diocèses. Il le força d'exiger lui-même la démission des évêques réfractaires : triste récompense d'un long martyre et d'une fidélité courageuse. Il le condamna à se désavouer au point de recevoir les intrus dans sa communion, et de leur reconnaître la dignité et la juridiction épiscopales. Il le chargea de rendre définitive et d'absoudre pour le for intérieur la vente des biens du clergé. Enfin, après la signature du Concordat, s'appuyant sur le droit qu'il s'y était attribué, de faire des règlements de police pour l'exercice du culte, il publia comme loi de l'État les articles organiques, qui liaient et garrottaient bien autrement le pape que les quatre articles de 1682, dont Louis XIV s'était contenté.

Son œuvre ainsi complétée, Bonaparte put se dire que l'Église serait toute-puissante sur les sujets qu'il allait avoir, et tout obéissante sous son sceptre et son glaive.

Voici maintenant les conclusions :

En admettant, ce que je n'admets pas, qu'un peuple puisse être heureux et policé sans un culte, peut-on envisager comme possible et réalisable en notre pays, l'élimination du culte catholique?

Six années de persécutions, la guillotine, les noyades, les massacres, la déportation, la fermeture des églises, la proscription des emblèmes religieux et la suppression de tout subside n'ont pas suffi.

Faut-il établir dès à présent l'Église libre dans l'État libre?

Bonaparte, à son apogée, ne s'est pas jugé assez fort pour en tenter l'expérience. Ajoutons que l'État libre qui recevrait dans son sein l'Église libre est encore à constituer. Nous n'en avons ni les lois ni les mœurs. Si nous avions l'État libre et fort, il faudrait rendre l'Église libre à l'instant. Mais à la liberté personne ne pense. Non, personne! Ceux qui veulent l'Église séparée la veulent asservie.

Faut-il les suivre? faut-il transformer le Concordat en simple loi de l'État, mais en loi oppressive qui mettrait le clergé et la religion à la discrétion du pouvoir politique?

Ce serait marcher à reculons. Ce serait le commencement d'une longue guerre, et d'une guerre contre le principe même de la République. Les armes dont l'État dispose aujourd'hui ont été forgées de la main de Bonaparte, qui s'y connaissait, en autorité. Osera-t-on dire que ce qui suffisait, en 1801, au premier consul Bonaparte, ne peut plus suffire, en 1886, à M. le président de la République?

V

CONCORDATAIRES

M. le comte de Douville-Maillefeu, qui est rigoureusement concordataire dans les conclusions de son rapport, a soin de nous prévenir qu'il n'aime pas le Concordat et qu'il en ferait vite bon marché s'il était le maître.

Je me garderais bien de défendre le Concordat; mais je me garderais encore plus de l'appliquer avec cette rigueur.

Je conviens avec M. de Douville-Maillefeu que, tant que le Concordat existe, il faut l'appliquer. Mais ce dont je ne conviens pas, c'est : 1° que, si l'on supprimait le Concordat, il faudrait supprimer du même coup le budget des cultes, et, 2° que M. de Douville-Maillefeu, ou plutôt la commission dont il est le rapporteur, puisse se vanter, comme elle le fait, d'appliquer le régime concordataire. Je soutiens qu'elle l'applique si rigoureusement, qu'elle ne l'applique plus du tout.

Supposons qu'on dénonce le Concordat, soit pour le refaire, soit pour n'en plus faire. Le moment ne saurait être plus mal choisi pour une pareille opération; mais je ne fais qu'une hypothèse. Il ne résulterait pas de cette suppression du Concordat de 1801 que la parole donnée par l'Assemblée constituante en 1789 ait cessé d'être obligatoire pour les héritiers de la Révolution, ni que les biens du clergé, sur lesquels, à mon avis, l'État avait parfaitement le droit de mettre la main, aient pu être confisqués sans indemnité, ni que la justice permette de refuser les subsides nécessaires à un culte professé par la grande majorité de nos concitoyens, et la presque totalité de nos concitoyennes, ni enfin que l'intérêt de l'État soit de laisser le clergé pourvoir à ses besoins et à ceux du culte par les donations et les oblations volontaires; car, s'il s'enrichit outre mesure par ce moyen, c'est aux dépens de la fortune publique, et, s'il reste pauvre et irrité, c'est aux dépens de la sécurité publique.

Mais je ne veux pas discuter ces différents points. Il était bon de les indiquer parce que beaucoup d'esprits prévenus s'efforcent d'établir une connexité entre ces deux opérations : supprimer le Concordat, et supprimer le budget des cultes. Il leur semble que les 43 ou 45 millions que nous payons annuellement au clergé sont un cadeau qu'on lui fait. Pas du tout : c'est l'accomplissement des devoirs de l'État, qui est obligé de pourvoir aux besoins des citoyens quand les sacrifices privés n'y suffisent pas. L'argent donné au clergé par l'État est en réalité donné aux fidèles ; il est donné aux citoyens, pour un de leurs besoins les plus légitimes et les plus universels. La fameuse objection, que c'est aux catholiques de payer les dépenses du culte catholique, aux protestants et aux juifs de payer les frais de leurs cultes respectifs, est la négation même des principes sur lesquels repose la théorie de l'impôt. Il est fort curieux d'entendre répéter sérieusement des objections semblables dans un pays où l'on prend sans sourciller, sur l'argent des contribuables de toute la France, la subvention de l'Opéra de Paris. Mais, je le répète, je ne veux pas discuter la question de principe. J'aime mieux en venir tout de suite à la prétendue exécution du Concordat si singulièrement appelée, par M. Douville-Maillefeu et son école, exécution rigoureuse, exécution littérale, quand son véritable nom serait : exécution judaïque.

Lorsque Henri III visita Venise, il commanda au Tintoret trois tableaux, et il les paya cinquante écus. Je voudrais voir M. Grévy, ou M. Fallières, ministre des beaux arts, offrir cinquante écus, pour trois tableaux, à M. Meissonier. M. de Douville-Maillefeu sait très bien qu'en donnant aux évêques et aux curés, en 1885, le même nombre de pièces d'argent qu'on leur donnait en 1801, il leur donne en réalité beaucoup moins. Lui qui se proclame un fils pieux de la Révolution, il sait très bien que « ses pères » étaient très préoccupés de la difficulté d'exprimer par la monnaie conventionnelle la valeur des services rendus et qu'on lit dans la Constitution de l'an III des articles comme l'article 173, ainsi conçu : « Le traitement de chacun des directeurs est fixé, pour chaque année, à la valeur de 50 000 myria-

grammes de froment. » Je lui demande de reprendre ce style et d'assigner à nos archevêques
autant de myriagrammes de froment qu'il y en
avait dans 15 000 francs, en l'an III. La formule
était loin d'être parfaite. Elle ne prévoyait pas les
blés d'Amérique. Mais enfin, telle qu'elle est, il
me semble qu'elle peut donner à réfléchir à
Shylock.

Ce n'est pas seulement pour les quotités qu'on
se vante d'être strictement concordataire, c'est
pour les existences. Le Concordat de 1801 ne fait
pas mention des cardinaux; donc, la France n'a
aucun intérêt à avoir des voix dans le Conclave.
Il mentionne les chanoines diocésains sans les do-
ter ; donc, la France n'a aucun intérêt à placer
un conseil et un tribunal disciplinaire à côté de
l'évêque. De même il permet les séminaires,
mais en déclarant que l'État ne s'engage pas à
leur donner la moindre subvention; donc, la
France doit s'empresser de les supprimer, au
risque d'avoir un clergé ignorant et mal préparé
aux fonctions du ministère. Voilà, je l'avoue, une
logique triomphante.

Bien plus. Le Concordat ne paye que les curés,
et ne tolère qu'un seul curé par canton; donc

nous ne payerons ni les desservants ni les vicaires.
C'est en vain que l'omission de 1801 a été répa-
rée en 1807. Plus de subventions désormais pour
les succursalistes, les desservants et les sémi-
n aires. Estimez-vous heureux que nous ne pous-
sions pas notre fidélité pour le texte du Concordat jusqu'à les interdire.

Mais, si le Concordat n'a pourvu qu'aux églises
cantonales, c'est qu'on n'avait pas, en 1801, assez
de prêtres même pour les églises privilégiées, et
que, si on avait créé d'autres paroisses, il aurait
fallu les laisser vacantes. Déjà, dans les articles
organiques, on prévoit la création des succursales, on en reconnaît la nécessité; en 1807,
24 000 vicaires et succursalistes touchaient un
traitement de cinq cents francs, et l'empereur dé-
cida d'étendre le même bienfait à tous les autres.
Si l'on ne paya pas les succursalistes dans l'origine, c'est qu'il restait encore un très grand nombre de prêtres et d'anciens religieux pensionnés
par l'Assemblée constituante, à qui leur pension
tenait lieu de traitement. Au fond, l'institution
des succursales répond à tant de besoins et est
si profondément entrée dans les mœurs, que,
même aujourd'hui, aussitôt qu'une paroisse se

trouve vacante, les réclamations s'élèvent de toutes les familles, et du sein du conseil municipal, pour demander que la vacance soit remplie. Rien que pour transférer l'église paroissiale d'un point à un autre dans une même commune, il faut affronter des luttes interminables, tant chacun tient à avoir son église, et à l'avoir près de soi.

Une chapelle ne suffira pas ; ce n'est qu'un lieu de prière ; ce que l'on veut, c'est une église paroissiale, où se fassent les mariages, les enterrements et les baptêmes, où l'on puisse assister, le dimanche, au prône et à la grand'messe obligatoire. Les incrédules y tiennent presque autant que les fidèles. Les uns viennent au rendez-vous hebdomadaire par conscience, et les autres par plaisir. M. Raoul Duval, il y a quelques jours, en donnait la raison, qui a beaucoup diverti la Chambre ; et Voltaire, qui a autant d'esprit que M. Raoul Duval (quoique M. Raoul Duval en ait infiniment), nous avertit qu'une grand'messe est l'opéra du pauvre.

Voici encore une raison, ajoutée à tant de raisons, pour ne pas achever de ruiner le bas clergé ; et, certes, je n'ai pas la prétention d'en épuiser la liste. C'est que déjà, dans beaucoup de diocèses,

le recrutement du clergé est insuffisant. On n'a
plus assez de prêtres pour répondre aux besoins
du service et aux demandes des populations; et
combien le recrutement du clergé va devenir plus
difficile quand vous aurez supprimé les bourses
de séminaires, imposé le service aux séminaristes,
diminué ou supprimé les traitements de tout le
clergé! Comprend-on des pauvres se condamnant
à la misère noire pour introduire leurs enfants
dans une carrière où la misère noire les attend ?

« Bagatelles! s'écrie en chœur toute l'école Douville-Maillefeu. Bagatelles que tout cela! On n'a
rien à nous dire si nous appliquons le Concordat
de 1801 au pied de la lettre. Les prêtres ne souf-
friront pas ; les fidèles s'empresseront de pourvoir à tout. Aujourd'hui même, ils ne vivent pas
de leur traitement; ils vivent de leur casuel.
Les curés de la Madeleine, de Saint-Philippe du
Roule, de Saint-Thomas d'Aquin, tirent de leurs
paroissiens des revenus considérables. La Madeleine vaut mieux que n'importe quel évêché. On
nous parle en chaire de la pauvreté évangélique,
mais on est exigeant et rapace dans la sacristie.
Tous les Douville-Maillefeu sont persuadés que
les curés de campagne vivent dans l'abondance,

et en sont quittes pour dire leur messe et pour
confesser les bonnes femmes.

Je n'ai pas recherché ce que peuvent rapporter
les grandes paroisses dans les grandes villes.
Mais je me rappelle avoir entendu, à Versailles,
l'évêque Dupanloup déclarer que tous les prêtres
ne sont pas sûrs d'avoir du pain tous les jours.
Mgr Guilbert, qui vient d'être nommé archevêque de Bordeaux, a écrit ce qui suit dans une
brochure sur le recrutement du clergé, adressée
aux sénateurs, aux députés et aux électeurs :
« Nous avons calculé, et sur des données certaines, que, pour la majorité de nos curés, le
revenu du casuel, de leurs honoraires de messes,
avec les 900 francs ou 1000 francs que donne
l'État, pouvait atteindre dans les diocèses
pauvres, comme celui de Gap, le chiffre de 1200
à 1300 francs, et, dans les diocèses plus riches,
comme celui d'Amiens, 1400 à 1500 francs. »
Mgr Guilbert a été successivement évêque de Gap
et évêque d'Amiens, avant d'être transféré à
l'archevêché de Bordeaux. Il ne parle que de ce
qu'il a vu de ses propres yeux. Il cite des traitements de 900 francs et de 1000 francs parce
qu'il prend des moyennes. Le traitement ne peut

jamais s'élever au-dessus de 1000 francs pour les succursalistes, c'est-à-dire pour l'immense majorité des prêtres chargés des fonctions curiales; il est presque toujours au-dessous; il est, pour un grand nombre, de 500 francs seulement.

En suivant les calculs de Mgr Guilbert, et en supposant même que le casuel ne diminue pas dans ces petites paroisses, voilà des curés qui n'ont pas tout à fait deux francs par jour pour s'habiller, se nourrir, entretenir une servante et faire encore quelques aumônes. C'est sur ces misérables, sur ces souffreteux qu'on va faire plus de deux millions d'économie? Nous savons ce que devient en France un clergé sans biens propres et sans secours de l'État. L'expérience en a été faite. Il n'y a qu'à lire les procès-verbaux des deux conciles de l'Église constitutionnelle tenus à Paris en 1797 et en 1801. Plusieurs évêques écrivirent qu'ils ne pouvaient pas assister au concile faute d'argent pour faire le voyage. Un évêque, tombé malade pendant la session, se réfugia à l'hopital; ses collègues, en allant le visiter, le trouvèrent dans un des lits de la salle commune.

En réfléchissant au sort des vicaires de paroisse et de la majorité des succursalistes, M. de Douville-Maillefeu, qui traite les cléricaux en ennemis, mais qui regarde les pauvres comme ses amis, ne va-t-il pas sentir quelque remords des rigueurs dont il se fait le ministre ? Peut-il croire qu'il soit de bonne politique de condamner tant de milliers de nos concitoyens à un sort si cruel ? On lit ces mots en tète de son rapport : « Serviteur passionné et exclusif de la Révolution, dévoué à la politique qu'elle a inaugurée dans le monde, et voulant en assurer tous les bienfaits à notre pays... » Je me demande quels sont ces bienfaits, quelle est cette politique et même quelle est cette Révolution si chère à M. de Douville-Maillefeu ? Ce ne peut être celle qui a été écrasée le 9 thermidor.

Oui certes, il y a une Révolution qui a d'abord ruiné les prêtres en supprimant le budget des cultes, et qui, presque aussitôt, les a proscrits. Elle a fait plus : elle les a tués. Mais M. de Douville-Maillefeu a beau grossir sa voix pour terrifier les gens d'église, il ne peut pas être de cette Révolution et de cette école. Il y serait suspect; il n'y serait pas reçu. Il est, comme nous, un des fils de la Révolution; mais, pas plus que nous, il ne compte parmi ses ancêtres Marat, Hébert et Chaumette. Il ne sépare pas la Révolution de la liberté, et il sait que la liberté religieuse et la liberté de conscience sont les premiers fondements de la liberté politique.

VI

NÉO-CONCORDATAIRES

M. Royer-Collard disait un jour à M. Thiers :
« Vous avez écrit l'histoire du Concordat en
homme qui aurait aimé à le faire. » C'est la vérité,
M. Thiers était grand admirateur du Concordat.
Je ne l'admire pas autant ; je conviens seulement
qu'étant donné le but que le premier consul se
proposait, et qui était de transformer l'Église en
moyen de gouvernement, il ne pouvait pas forger
un instrument plus puissant et plus approprié à
sa main.

Le Concordat aura un siècle dans une quinzaine
d'années ; c'est donc une de nos plus anciennes

institutions; car nous faisons, hélas! beaucoup de
ruines. Il a eu des fortunes bien diverses. L'Église
l'a longtemps combattu comme un ennemi; puis
elle s'en est servie comme d'un outil excellent, et,
à présent, elle s'y attache comme à une planche
de salut. Mêmes variations parmi les incrédules.
Ils n'avaient vu d'abord dans le Concordat que la
résurrection officielle de l'Église catholique. Ils se
sont tout à coup ravisés, dans ces dernières
années, et ils ont formé entre eux une petite
secte dont le premier dogme est une incrédulité
absolue, et le second un attachement sans bornes
au Concordat, c'est-à-dire à la convention du
26 messidor an IX. Ils savent par cœur cette convention : c'est toute leur théologie, et, quelle que
soit la difficulté qui se présente, ils répondent
invariablement par la convention ou par les
articles organiques qui la complètent. La convention de messidor a vu ainsi s'étendre indéfiniment
le nombre de ses adeptes.

D'où lui viennent, de tous côtés,
Ces enfants qu'en son sein elle n'a point portés ?

De Gambetta. C'est lui qui, commençant sa
guerre au cléricalisme, a découvert que l'instru-

ment dont Bonaparte s'était servi pour domesti-
quer la religion, pouvait servir, avec un peu
d'adresse, à l'affamer.

Sous l'Empire, les budgets des cultes, ceux surtout des premières années, étaient fort inférieurs
à nos budgets actuels; mais il ne faut pas être
dupes des apparences. Cette infériorité disparaît
quand on songe à la différence de la valeur de
l'argent, aux pensions que le clergé recevait en
vertu des lois de la Constituante, et aux avantages
de diverse nature que l'empereur lui prodiguait.
On sait qu'il exigeait beaucoup, mais qu'il payait
bien. Il donna peu le premier jour, parce que le
Trésor commençait à peine à se remplir, et qu'il
y avait beaucoup de susceptibilités à ménager,
même pour lui. Sa main s'ouvrit plus largement
les années suivantes; et il mérita une fois de plus,
par ses libéralités, les noms de nouveau Constantin
et de nouveau Théodose, qu'on lui avait donnés
en 1802.

Vous pensez bien que ce n'est pas dans ses pro-
digalités que les néo-concordataires ont entrepris
de l'imiter. Ils s'en tiennent à la convention de
l'an ix, en y ajoutant seulement les articles organiques, qui n'ont rien de concordataire. Le pre-

mier consul les ajouta à la Convention de sa propre autorité. Je les crois très respectables comme loi de l'État non abrogée; mais, si c'est à ce titre que les néo-concordataires les acceptent, la logique les condamne à accepter beaucoup de décrets postérieurs qui ont aussi force de loi, et qui donneraient à l'Église une existence très confortable.

Quoi qu'il en soit, la secte se cantonne dans le texte du Concordat, dont elle accepte la première annexe à l'exclusion de toutes les autres. En entrant dans les idées concordataires, elle ne se contente pas de les appliquer; elle les réforme en ce sens qu'elle les ramène à leur pureté primitive, à peu près comme M. de Rancé, en se confinant à la Trappe, y fit revivre l'austérité des premiers jours. Je vais faire comprendre leur système par quelques exemples.

L'archevêque de Paris touchait, hier encore, un traitement de 45 000 francs. La secte cherche l'archevêque de Paris dans le Concordat : il n'y est point; il ne s'y trouve pas pour lui d'article spécial; tout ce qu'elle trouve, c'est le 64ᵉ article organique ainsi conçu : « Le traitement des archevêques sera de 15 000 francs. » Nous ne sommes pas en 1802, et les deux villes d'Auch et de Paris sont, à certains égards, différentes; mais la secte ne connaît que la lettre, et la lettre est formelle. On doit 15000 francs; rien de moins, rien de plus. L'archevêque de Paris est donc réduit à 15000 francs à partir de cette découverte, sans que l'État exerce aucune répétition contre lui à raison des 30000 francs qu'il a reçus indûment pendant tant d'années. L'Etat est bien généreux. Un traitement de 15000 francs est, d'ailleurs, un beau traitement. Il est presque égal à celui d'un recteur d'académie, et Gobel se contentait d'un traitement encore plus modeste.

Je passe sur les cardinaux, qui n'auront plus ni traitement ni indemnité; sur le chapitre de Saint-Denis, qui disparaît; sur les chapitres diocésains, qui n'ont plus qu'un temps à vivre. Ces chanoines avaient une réputation peu méritée qu'ils devaient aux anciennes collégiales. Dans la réalité, ils étaient fort loin d'être oisifs. Ils n'étaient que huit par diocèse; ils fournissaient à l'évêque deux grands vicaires, un official, un promoteur, un archidiacre, un supérieur du grand séminaire. Ils gouvernaient le diocèse pendant la vacance du Siège. Ils ont l'honneur et l'avantage d'être mentionnés dans le Concordat et dans plusieurs articles organiques ; c'est leur traitement qui n'est pas mentionné. On supprimera donc le traitement, sans supprimer les chanoines. Ils pourront encore, si le cœur leur en dit, porter l'aumusse, donner des conseils à leur évêque, l'aider dans son administration, le remplacer temporairement, juger les causes disciplinaires, chanter l'office canonial ; mais ils feront gratis toutes ces bonnes œuvres, et n'en arriveront au ciel que plus sûrement.

Les professeurs de théologie sont dans la même situation. M. Buffet et M. Chesnelong, avec leurs exagérations habituelles, prétendent qu'ils sont supprimés. Il n'y a trace de cela dans aucun rapport de M. Jules Roche ou de M. Dauphin. Ils ne sont que dépouillés. Ils peuvent très bien continuer leur enseignement. La Sorbonne, où ils occupent un petit coin, et dont ils ont été les maîtres pendant six cents ans, n'est pas désaffectée ; leur coin leur reste. S'ils ne veulent pas payer un appariteur de leurs deniers, ils se chargeront eux-mêmes d'aérer et de balayer la classe, se souvenant que le premier titre de leurs devanciers était celui de « pauvres maîtres en Sorbonne ». Si, à toute force, ils sont obligés de renoncer à leurs chaires et de trouver des emplois de précepteur, les étudiants français qui voudront avoir quelque teinture de l'hébreu ou du droit canon iront l'apprendre à Heidelberg ou à Berlin.

La réforme la plus importante opérée jusqu'ici par les concordataires de la Stricte-Observance est celle des bourses de séminaires. Elles sont supprimées tout net à partir de demain. Les élèves qui n'ont pas fait leur troisième année ou ne sont pas en âge d'être ordonnés prêtres trouveront quelque part un manche de charrue. Précisément, on se plaint que l'agriculture manque de bras; on aura ceux-là à bon marché. Les réformateurs de l'Église ont l'œil ouvert sur les séminaires. Ils obtiennent, par la suppression des bourses, un premier succès; mais ils ne seront contents que quand ils auront rendu la déclaration de 1682 obligatoire pour les professeurs, et le service militaire obligatoire pour les élèves.

Les catholiques objectent que les séminaristes ne reviendront pas au séminaire après avoir passé trois ans à la caserne, et que, s'ils y reviennent, ils y porteront peut-être des habitudes peu sacerdotales; que les déclarations de 1682 nient formellement l'infaillibilité du Pape, qui est maintenant un dogme défini et accepté par l'Église, et enfin que l'entretien des séminaires sera pour les évêques, réduits au traitement concordataire de 10 000 francs, une charge écrasante. Ils rappellent que l'empereur, par le décret-loi du 12 août 1806, avait fondé dix séminaires métropolitains; qu'il les avait dotés de 600 000 francs, ce qui équivaut à 1 200 000 francs d'aujourd'hui; qu'il avait accordé aux séminaires diocésains des bâtiments, et le droit très important de recevoir des dons et legs, même en immeubles; que le clergé, à cette époque, se recrutait dans les classes aisées et même dans les classes riches; qu'aux termes de l'article 26, nul ne pouvait être ordonné prêtre, s'il ne justifiait d'une propriété produisant au moins 300 francs de revenu, tandis qu'aujourd'hui les séminaristes sont des fils de paysans, hors d'état de payer une pension, et que le séminaire doit nourrir et vêtir.

Mais les néo-concordataires répondent que les catholiques ont raison; et que c'est précisément parce que les catholiques ont raison qu'ils se sont faits, eux, néo-concordataires.

VII

L'ARCHEVÊQUE

Je l'ai rencontré dans le comité des écoles
d'Orient, quand il n'était encore que professeur
de théologie. Il y avait là quelque profanes, entre
autres M. Crémieux, qui était à la fois républicain et israélite, et qui ne croyait manquer ni à
sa foi politique ni à sa foi religieuse en s'asso-
ciant à des prêtres catholiques pour donner du
pain et de l'éducation à quelques orphelins, au
nom de la France. Parmi les prêtres qui faisaient
partie du comité, on remarquait surtout le père
Gratry, le père Perraud, qui est devenu l'évêque
d'Autun, et *lui.*

Il n'était célèbre ni comme auteur, ni comme prédicateur, ni même, je crois, comme professeur; ou, s'il avait des succès à ce dernier titre, leur renommée ne dépassait pas le cercle très restreint des auditeurs de théologie à la Sorbonne. Ce qui frappait en lui, ce qui, en quelque sorte, éclatait, c'était la volonté. Nous disions entre nous : « Voilà un homme d'action! » On le fit évêque de Nancy. Dès qu'Alger fut vacant, il le souhaita. Il voyait dans ce nouveau siège, non pas une Église à gouverner, mais une armée à commander. Depuis qu'il est là, il ne cesse de rêver de pacifiques conquêtes pour la foi et la civilisation, et il ne cesse d'en faire. C'est moins un pasteur qu'un apôtre et un conquérant.

Je ne l'ai revu qu'une fois depuis qu'il est évêque. C'était à Versailles, en 1871. Je ne sais s'il se souvient de notre première rencontre. Pour moi, je ne l'aurais pas reconnu malgré sa haute stature et sa belle physionomie, tant l'exercice du commandement lui avait imprimé d'autorité et de dignité. Il portait une longue barbe à la manière des prélats orientaux et laissait flotter sur ses épaules une immense cape de soie violette. Il l'a sans doute à présent remplacée par la pourpre cardinalice. Le temps et les fatigues ont blanchi sa barbe et ses cheveux ; mais, sans qu'on me le dise, j'affirme qu'ils ne l'ont ni courbé ni affaibli.

La grande volonté qui l'anime le défendra jusqu'au bout contre la sénilité. J'imagine que les Arabes, pour qui le dehors est quelque chose, admirent malgré eux le grand archevêque, devant lequel on se met à genoux, et qui possède au plus haut degré les deux vertus fascinatrices, la générosité et le courage. On me dit qu'il en a encore une autre, que nous admirons moins en Europe, qui a son prix pourtant quand elle n'est pas poussée trop loin, et que nous appellerons, si vous voulez, la fermeté. On assure que le bâton pastoral n'est pas dans sa main une arme de parade. Je n'en sais rien ; et même, pour dire la vérité, je ne sais rien de l'évêque. Je ne vois en lui que l'apôtre.

Quand je l'entrevis en 1871, il venait me parler d'un de ses suffragants qui avait bâti un séminaire magnifique en comptant inconsidérément sur la charité des fidèles, et qui, ne pouvant acquitter ses engagements, avait perdu la raison. je fis ce que je pus pour éviter un scandale ; mais,

dans l'état de pauvreté effroyable où je me trou-
vais, je ne pouvais solder toutes les créances légitimes. « Laissez le siège vacant, me dit-il, jusqu'à
ce que la dette soit soldée, je vous épargnerai les
frais d'un évêque. Avec de la santé, du courage
et la grâce de Dieu, je suffirai bien à deux diocèses. » Il tint parole, non sans de grandes fatigues, et sans une notable augmentation de
dépenses à sa charge. Pas un service ne souffrit,
pas une visite pastorale ne fut négligée, et la plaie
saignante se trouva, grâce à lui, en peu de temps
cicatrisée.

Il a donné tout récemment la même preuve de
résolution et d'activité dans une occasion tout
autrement grave. La France venait d'étendre sa
main sur Tunis. Il y avait là pour l'Église un
monde nouveau d'organisation et de conquête.
L'archevêque s'en est emparé. Il est de ceux qui
se rappellent que, pendant des siècles, partout
où il y avait des catholiques, c'est de la France
qu'ils relevaient, c'est sur la France qu'ils se
fiaient ; c'est la France qui, en toute occasion,
leur servait d'égide. Les missionnaires, en aug-
mentant le nombre de leurs prosélytes, augmen-
taient le nombre de nos sujets et de nos protégés.

Ils combattaient, ils conquéraient, ils mouraient pour Dieu et pour la patrie; c'est au moins autant à notre religion qu'à nos armes que nous devions le prestige qui nous a si longtemps environnés en Orient. Nos incrédules le savent eux-mêmes; ils en profitent, ils y comptent. Les apôtres le savent aussi; et je suis sûr que celui-là se réjouit comme patriote de tous les pas en avant qu'il fait comme archevêque.

On raconte, est-ce une légende? que Gambetta voulut le voir. L'archevêque est accessible à tous, même aux grands. Il le reçut simplement, et lui montra ses œuvres. Gambetta, qui n'était ni étranger aux grands sentiments, ni indifférent aux grands spectacles, ne cacha pas son admiration. On dit même qu'à l'instar des souverains qui se considèrent comme personnellement redevables pour les services rendus à l'État, il offrit ses remerciements. « Monsieur, dit alors l'archevêque, qui sentit ses avantages, si vous reconnaissez qu'ici, sur les frontières de l'Islam, notre religion protège notre drapeau, pourquoi faites-vous, en France, votre affaire principale d'affaiblir la religion, en attendant de la détruire? Ignorez-vous qu'un peuple qui n'a plus de religion cesse d'être un peuple aux yeux de ces barbares? — Oh! répondit le tribun, la guerre au cléricalisme n'est pas un article d'exportation... »

Le mot est joli, et digne de son répertoire. Je déclare qu'il est accablant. C'est comme s'il eût avoué lui-même qu'il avait détruit dans sa source notre influence au dehors. N'a-t-il pas détruit au dedans la paix religieuse, et supprimé, ou tenté de supprimer la seule force qui puisse avoir raison du grand nombre? La guerre au cléricalisme a marché rapidement! Elle a chassé le prêtre des écoles et des hôpitaux; elle a chassé le crucifix des salles d'asile, des salles de malades et des prétoires; elle a chassé le nom de Dieu de la loi; elle a renversé les calvaires qui ornaient les places publiques, et jusqu'aux croix plantées sur des tombeaux comme un dernier témoignage de tendresse et d'espérance. Elle a supprimé les facultés de théologie, dispersé, anéanti les chapitres, biffé le traitement des cardinaux, diminué celui des évêques, menacé le pain des desservants et des vicaires, qui, dans l'Église, sont les misérables. L'archevêque a tout enduré...

Enfin, le jour est venu où l'on a supprimé le

recrutement de son clergé, en supprimant les bourses qui étaient la ressource unique de son séminaire. Il vous attendait là. Il ne s'agit plus de souffrir, mais de mourir. « Je vais mendier, » dit-il. Prenez garde à cette parole ! L'aumône ainsi demandée, et par un tel homme, n'est ni plus ni moins que l'appel au peuple.

Espérez-vous le dompter, et dompter ceux qui lui ressemblent ? Espérez-vous détruire cette religion et toute religion ? Et au delà, si vous réussissez, qu'espérez-vous ? Sur quoi vous reposerez-vous ? Est-ce sur le nihilisme ? Ce qui peut vous arriver de pis est de réussir. Mais ce n'est pas mon affaire de parler pour la foi ! Je laisse à l'archevêque les intérêts de la religion, et je ne fais dans tout ceci que de la politique. Je parle pour la raison et pour la liberté, comme doit le faire un philosophe. Je prends pitié de mon pays, de l'humanité, de vous. On dirait que vous êtes condamnés par un arrêt du sort à vous créer incessamment à vous-mêmes d'inutiles et inextricables difficultés. Hélas ! la France a tant besoin de repos ! et elle en aurait tant, et depuis si longtemps, sans vous !

VIII

NEUTRALITÉ[1]

En lisant l'autre jour les *Souvenirs* de M. Legouvé (soixante ans de souvenirs !) je me disais
que le professeur d'histoire de la Révolution, auquel je pense toujours par la raison qu'il est un
événement, ferait peut-être bien de laisser là l'histoire et de se lancer dans les anecdotes. Il aurait,
dans ces conditions, plus de sécurité et de liberté ; car on corrige une anecdote par l'autre ; on
est maître de ses mouvements, on place habile-

1. A propos de la chaire d'histoire de la Révolution, fondée
par le conseil municipal de Paris pour M. Aulard, et annexée
par M. Goblet à la faculté des lettres.

ment le remède à côté du mal. Des anecdotes
bien choisies, le plus souvent inédites, racontées
avec esprit, avec émotion quand il y a lieu, et relevées par des portraits bien vivants et bien ressemblants, cette méthode, qui a fait le grand succès du livre, assurerait aussi le succès du cours.
On aimerait mieux ces récits variés et charmants
que des dissertations sur la République socia-
liste et la République capitaliste dans le goût de
M. Joffrin. Qui sait? M. Joffrin se laisserait peut-
être amuser, et par conséquent désarmer. De
même M. Mesureur. J'avais donc songé à suggé-
rer cette idée au jeune maître. Je sais qu'il y faut
beaucoup de discernement et beaucoup d'art;
mais on m'assure qu'il n'en manque pas.

Il paraît qu'il a choisi un autre moyen. Il fera
la bibliographie de la Révolution, au lieu d'en
faire l'histoire. Il se flatte d'échapper ainsi aux
foudres de M. Goblet, qui le menaceraient s'il
faisait mine d'être jacobin, et à celles de M. Mesureur, qui l'extermineraient s'il avait le courage
de ne pas l'être. Cette résolution est d'un sage. Il
aura, pour diverses raisons, bien de la peine à la
tenir.

Nous autres Français, nous sommes si frivoles,

que je ne sais pas si le cours d'histoire de la Révolution, réduit à la lecture d'une table des matières, attirera beaucoup d'auditeurs. On patien-
tera peut-être un an, deux ans ; mais ce sera bien
monotone au bout de quelques années. Le professeur, tel qu'on me le dépeint, ne se conten-
tera pas longtemps d'un rôle purement passif. Il
aura le besoin de placer son mot. Il s'abstien-
dra peut-être, à force de volonté, de raconter la
Révolution et de la juger ; mais il jugera les
historiens, les témoins. Il l'a fait dans sa première leçon, et même très cavalièrement. Qu'il y
prenne garde ; s'il commence à dire son avis, il
le dira jusqu'au bout. Dès ses premières leçons, il
va passionner son auditoire et, par conséquent, le
diviser. Il y aura là devant lui, qu'il le sache bien,
la postérité de Marat et celle de Charlotte Corday.

Une chose surtout m'inquiète pour lui. Cette
résolution de se borner à la bibliographie est une
sorte de déclaration de neutralité. Or la neutralité est un bon argument pour répondre aux défenseurs de l'ancien régime scolaire ; je me rappelle
que M. Ferry en tirait des effets superbes. Dans la
réalité, c'est une plaisanterie. Tout le monde sait
bien qu'en fait de doctrine le silence serait une

négation, et ce que tout le monde sait aussi, c'est
que le silence est impossible.

Regardez seulement les prisons cellulaires.
Chaque prisonnier est dans une cellule bien isolée
par quatre murailles, qui interceptent tous les
sons. On lui passe sa pitance par un trou, il ne
connaît même pas ses gardiens.

Dans cette solitude, il arrive à communiquer
avec ses co-détenus, sans qu'on puisse soupçon-
ner comment. Croyez-moi, la nature est plus forte
que tous les bandeaux et tous les bâillons. Elle est
plus forte qu'un article de loi. Il n'y a pas, et il
n'y aura jamais de professeur neutre.

D'ailleurs, si j'ai bien compris M. Ferrouillat,
qui a l'habitude d'être clair, la neutralité n'a été
inventée que pour les écoles primaires et pour les
questions religieuses. C'est une réponse aux catholiques qui se plaignaient de la laïcisation sous
un régime d'enseignement primaire obligatoire.
« Votre religion ? répondent ces messieurs. On
n'en parlera même pas. Votre fils, ou votre fille,
pourra savoir l'algèbre et le modelage, apprendre
à fond l'instruction civique et la morale, sans se
douter qu'il y ait quelque part une religion et un
culte. » On n'a pas fait la même promesse

11.

pour la politique. Là, M. Paul Bert reprend tous ses droits. Lisez, je vous prie, son manuel. Le nom de Dieu ne s'y trouve pas ; mais Gambetta et la République y sont à toutes les pages. Voilà pour ce qui concerne l'instruction primaire. Il va sans dire que les autres degrés d'instruction, n'étant pas obligatoires, ne sont tenus à aucune neutralité, même en matière religieuse. On a créé au Collège de France une chaire d'histoire des religions ; à l'École des hautes études, une section des sciences religieuses, qui comprend l'histoire des dogmes et celle des origines du christianisme. Les professeurs de ces cours ont évidemment la bride sur le cou. Aucun d'eux n'aurait accepté des conditions ; nul n'aurait osé leur en proposer. On leur a demandé d'être savants ; on n'a pas pu leur demander d'être orthodoxes.

Le professeur de révolution aura la même liberté. Il en usera, quoi qu'il en dise aujourd'hui ; car il n'y a aucune différence entre un professeur neutre et un professeur nul. Je réclame pour lui cette liberté, et en même temps je la crains, beaucoup pour lui, un peu pour nous.

Je la crains pour lui. Son traitement n'est voté

que pour un an. Tous les ans, il sera passé au crible de nos seigneurs de l'hôtel de ville. Si j'avais eu voix au chapitre, j'aurais demandé au moins un engagement décennal; c'est la règle constante de l'Université. Voilà la première fois qu'elle se remet sans garantie dans les mains d'un conseil municipal. Il est vrai que c'est le conseil municipal de Paris.

Je la crains un peu pour nous, cette liberté du maître, à cause des examens. Il donnera sa boule aux postulants, tout comme le professeur de grec. « Monsieur, quelle est votre opinion sur Chaumette? — Sur Théroigne de Méricourt? — Que pensez-vous du livre de mon collègue, M. Wallon, que voilà, sur l'histoire du tribunal révolutionnaire? » On me dit que le professeur désigné par M. Goblet est un courageux et un savant, et qu'il n'aura d'autre souci que de parler suivant sa conscience. Encore faut-il pouvoir parler. Je suppose qu'il soit pour 1789 contre 1793; veuillez me dire ce qu'en pensera le conseil municipal, qui tient les cordons de la bourse? Tout cela est hérissé de difficultés. Si M. Basly veut passer son examen de bachelier en revenant de Decazeville, et qu'avant l'examen il se déclare

Cordelier, l'obligera-t-on de répondre à un Feuil-
lant?

M. Victor Cousin n'était pas panthéiste, quoiqu'on l'en accusât dans l'Église, et il n'était pas
clérical, quoiqu'on l'en accusât dans la philosophie. Il n'y avait pas d'aumônier à l'École normale quand il en était directeur. Il tremblait qu'on
ne lui demandât d'en donner un, parce qu'il ne
voulait pas le donner et qu'il n'oserait pas le
refuser. Il m'avait dit plusieurs fois, en m'expli-
quant ses perplexités : « Je compte sur l'avarice
des Chambres. » Nous étions un matin chez lui,
à la Sorbonne, dans une chambrette assez obscure
où il se tenait presque constamment, quoiqu'il eût
à sa disposition un grand appartement et un beau
cabinet, et nous mangions paisiblement notre
soupe aux choux qui était tout notre déjeuner,
quand madame Blanchard lui apporta une carte.
Il me la passa. « L'abbé Olivier, curé de Saint-
Roch. » Il paraissait vivement contrarié. « Que
peut-il me vouloir? — Un évêché, dis-je en riant.
— Oh! si ce n'était que cela. » Ce même M. Olivier, pour le dire en passant, fut nommé très
peu de temps après à l'évêché d'Evreux. Il était
alors l'homme le plus en vue du clergé de Paris,

confesseur de la reine, si je ne me trompe; tout au moins prédicateur de la cour, un de ces prêtres aimables et redoutables. Cousin l'accueillit avec ses plus grandes révérences et en poussant des cris de joie. Il l'installa bon gré mal gré au coin du feu dans un vieux fauteuil fort malpropre, et attendit l'événement.

« Monsieur, dit le curé, je viens vous demander une place. — Trop heureux de me mettre à vos ordres. — Je voudrais être aumônier de l'École normale. — Vous-même ! (avec un haut-le-corps qu'il fallait voir). — En personne; et, pour aller au-devant de vos objections, je sais qu'il n'y a pas de crédit inscrit au budget. Je ne vous demande qu'une fonction gratuite, et, quoique j'aie charge d'une paroisse, votre école, je vous le promets, ne sera pas pour moi une sinécure. » Je savais que Cousin était consterné à ce discours si bien asséné dans toutes ses parties, et j'osais à peine lever les yeux sur lui pour ne pas augmenter sa confusion. Il le fallut cependant. Je le vis rayonnant. Ses yeux lançaient des flammes. « C'est, dit-il, le plus bel hommage qu'on pût rendre à notre école. Vous la jugez bien, monsieur le curé; c'est une grande et noble maison, l'avenir

de l'Université. Je tiens à grand honneur d'être
un de ses maîtres, après avoir été un de ses
élèves. Aumônier ! Vous-même ! Sans traitement !
Et sans titre officiel, ajouta-t-il d'une voix miel-
leuse, car il faudrait un vote des Chambres, et je
ne suis pas sûr de l'obtenir. Quelle reconnaissance ! Et quel courage, mon cher ! (En s'adres-
sant à moi.) Affronter l'auditoire le plus difficile
qu'il y ait au monde ; très savant, très sceptique,
très railleur ; fait pour effrayer le professeur le
plus aguerri ! Ce n'est pas vous, mon cher, ce
n'est pas moi qui aurions un tel dévouement.
Nous leur enseignons, à nos risques et périls, la
philosophie. Mais la théologie ! La religion ! Non,
monsieur ; je ne sacrifierai pas un homme de
votre mérite, un homme de votre importance ; je
ne vous jetterai pas dans la fosse aux lions. Gar-
dez-m'en le secret, me disait-il ; je ne veux pas
qu'on sache ce que j'ai refusé pour notre chère
école. » Et comme le curé insistait : « Non ! non !
non ! disait Cousin en s'échauffant de plus en plus.
Vous êtes trop nécessaire aux fidèles. L'Église
a trop besoin de vous. Je sais que vous avez déjà
refusé un évêché. (Il ne savait rien de pareil.)
Mais on insistera, monsieur. Le gouvernement

a le devoir d'insister. Il y est résolu. Là est votre place. C'est à nous à vous défendre contre vous-même. » Le futur évêque ne parvint pas à placer une syllabe. Cousin le reconduisit jusqu'à la porte en l'accablant des témoignages de sa reconnaissance. Je n'ai jamais vu un homme si complètement refusé et si bien encensé.

Cousin avait peut-être raison, monsieur Aulard. Toute chaire n'est pas bonne à prendre.

IX

LES ÉCUS DU BARON

I. — LES VALPAJOUX

Je voulais vous parler de la façon dont le pouvoir législatif exerce son droit de tutelle sur les communes de France; et, pour cela, j'avais pris, dans les innombrables paperasses qu'on distribue tous les jours aux membres du Parlement, les derniers projets de lois d'intérêt local. Mais, en les parcourant, j'ai trouvé un emprunt de 2 060 000 francs pour la ville de Dommartin des Valpajoux, et cela m'a causé tant de surprise que j'ai voulu faire une petite enquête sur cet événement extraordinaire. L'historiette tiendra en deux mots, je vais vous la raconter ; elle est aussi intéressante que n'importe quel épisode de nos mœurs parlementaires, ce qui, à la vérité, n'est pas beaucoup dire.

Malheureusement, vous ne connaissez pas la belle ville de Dommartin des Valpajoux. Personne ne la connaît, excepté moi. J'y suis allé en 1872, à cause de son château que Charles Blanc voulait faire classer. Le château doit toute sa beauté à sa situation sur le haut d'une montagne, d'où il domine fièrement une vaste étendue de pays. On est frappé d'admiration en l'apercevant ; quand on le détaille, ce n'est rien qu'une grande tour mal percée et sans ornements. Ceux qui l'ont bâti ont voulu seulement le faire fort. Il y ont tellement réussi, que j'imagine qu'il ne tombera jamais ; il restera là, soudé à son rocher, jusqu'à la consommation des siècles.

C'est au rez-de-chaussée de ce donjon qu'est mort, à l'âge de quatre-vingts ans, le dernier des Pierrepoint de Valpajoux. C'est là aussi qu'il avait vécu, puisqu'on assure qu'il ne lui était jamais arrivé, durant sa longue vie, de monter au premier étage de sa maison. C'était un brave

homme, sans beaucoup d'idées, assez bienfaisant
pour ne pas choquer, assez poli pour ne pas
irriter, assez instruit pour soutenir la conversation avec son curé, quand ils jouaient ensemble
au piquet ou à la boule. Au fond, il ne savait
rien, et ne se mêlait de rien, excepté de ses terres, qu'il cultivait à ravir, et de ses bœufs, qui
n'avaient pas de rivaux dans toute l'Auvergne.
Il avait une fortune prodigieuse, qu'il augmen-
tait encore tous les jours, car il était aussi re-
tors qu'un procureur, et il vivait avec ses
paysans comme l'un d'entre eux, quoiqu'il fût
fort entiché de sa noblesse. Il était resté céliba-
taire, ce qui exerçait les langues de la ville. Les
dames prétendaient qu'il avait eu un chagrin
d'amour dans des temps reculés; mais le curé
croyait plutôt qu'il avait toujours été trop occupé
à acheter de la terre et à perfectionner son bé-
tail pour penser à autre chose. Bref, il mourut
sans enfants et sans collatéraux. On aurait pu
l'enterrer avec son épée, comme étant le dernier
de cette grande race des Valpajoux, alliée aux
Listhenay. Un de ses ancêtres avait figuré avec
honneur dans la troisième croisade; un autre
avait été pendu, en 1666, par sentence des

Grands Jours d'Auvergne. Il donna tout, par tes-
tament, et sans conditions, à la ville de Dommartin des Valpajoux, le château, les bois, les étangs,
les fermes, la fabrique de chaudronnerie ; car il
n'avait pas dédaigné de se faire grand industriel.
Il se trouva qu'il était encore plus riche qu'on ne
l'avait pensé. L'histoire était plus merveilleuse
que la légende.

Cette jolie petite ville, calme, ignorée, isolée,
où tout le monde s'occupait uniquement, comme
le défunt baron, d'arrondir ses terres et de faire
son salut, ne perdit pas la tête en devenant plusieurs fois millionnaire. Elle fonda un hôpital,
un orphelinat et un asile pour les vieillards ;
elle creusa un canal qui permit de porter les
coupes de bois jusqu'à Aurillac, et elle empierra
ses routes, qui devinrent les plus belles du département. J'avais vu Dommartin avant toutes
ces merveilles, car le bonhomme vivait encore
en 1872, et je l'avais gardée dans mes souvenirs comme une petite ville du xvi⁰ siècle, qui
serait restée immobile et engourdie jusqu'à nos
jours, sans connaître d'autres progrès que ceux
de l'agriculture.

Mais j'ouvris de grands yeux la semaine dernière en lisant le projet de loi. Il s'agissait de bâtir un lycée de jeunes filles, ni plus ni moins; et sachez qu'Aurillac n'en aura jamais. Je me demandai aussitôt dans quel recoin de leurs bonnes cervelles auvergnates ils avaient pu pêcher une idée comme celle-là.

Vous vous rappelez sans doute Frontenac, qui a joué un si grand rôle dans l'insurrection de 1871? Le docteur Frontenac, celui qui dit un jour à la Commune, dont il était membre : « Nommez-moi ministre des cultes! » On poussa des cris d'horreur. « Entendez-moi bien. Je veux être ministre *de la destruction* des cultes. » Alors il y eut dans toute la salle un éclat de rire homérique. Il renonça pour toujours à la tribune après cet exploit. Mais, s'il ne dit plus de sottises, il est probable qu'il en fit, puisqu'il arriva dans la Nouvelle-Calédonie par le premier convoi de transportés.

Il fut aussi l'un des premiers grâciés. Il promit de ne plus faire de politique, et vint s'établir à Dommartin des Valpajoux, son pays natal. Il s'y présenta très simplement, et y fut très simplement reçu. Personne ne lui parla de ses aventures. Il n'y avait dans la ville qu'un médecin, qui était vieux et fatigué, avec lequel il s'arrangea à l'amiable. Il rendit beaucoup de services, et ne tarda pas à être aimé et considéré. Il devint conseiller municipal, et fut maire après l'amnistie. Il administra habilement, paternellement, et réveilla un peu le pays. Il ne le réveilla pas trop, ce qui était de sa part une grande preuve de sagesse. Il se rencontra avec le curé au conseil de fabrique; ces deux hommes si dissemblables y firent en somme bon ménage. Le maire était franchement athée, mais il respectait tous les droits acquis, et se montrait scrupuleux observateur de la loi.

Deux mois après l'amnistie, il eut une idée qui pouvait être bonne, et qui, dans tous les cas, était digne de son bon cœur. Il se rendit à l'arrivée du train qui venait de Nouméa, prit dans les débarqués une douzaine de ceux qu'il avait connus « pendant les troubles », les choisit parmi les plus honnêtes, et leur persuada de venir se mettre à l'abri dans une jolie ville du Cantal, où ils s'efforceraient, comme lui, d'oublier et de se faire une vie nouvelle. Ils y vinrent par amitié, et pour se donner le temps de regarder et de réfléchir, comme des oiseaux qui se posent sur une branche, en attendant de prendre définitivement leur volée. Mais le pays était riche, les habitants affables, le maire excellent et bienveillant. Ils pensèrent qu'il y avait quelque chose à faire de ce pays-là; et c'est ainsi qu'en passant par la Nouvelle-Calédonie, la Commune de Paris vint s'abattre à Dommartin des Valpajoux, et y changer la destinée des demoiselles.

II. — UN NID DE COLOMBES

Vous croyez que quand le docteur Frontenac rentra à Dommartin des Valpajoux, au mois de février 1881, avec sa colonie de transportés, la ville entière fut frappée de consternation? Il n'en fut rien. On avait si longtemps dormi à Dommartin qu'on y dort encore à moitié; et, pour le dire en passant, ne trouvez-vous pas comme moi que la France entière est somnolente et patiente? Nous manquons d'indignation. Frontenac n'excita même pas la curiosité. Il campa son monde provisoirement dans le vieux château, qui était resté désert, et s'occupa de faire des baraquements le long de la Jordane pour y installer plus commodément les nouveaux venus.

Comme le bois et la toile ne manquent pas

dans le Cantal, il y eut bientôt à côté de la vieille
ville une espèce de ville foraine, qu'on s'habitua
à appeler la Ville-en-bois. Elle fut, en peu de
temps, assez peuplée. Les transportés avaient
d'abord appelé à eux leurs familles ; ils appelè-
rent ensuite tous ceux de leurs amis qui étaient
chaudronniers. On ne saurait croire combien il
y avait de chaudronniers dans la Commune de
Paris. Frontenac avait déclaré qu'il ne souffrirait
pas de vagabonds, et les transportés eux-mêmes
y tenaient la main. Dommartin des Valpajoux se
trouva ainsi augmenté d'une population indus-
trieuse, et le bruit des marteaux y retentit du
matin au soir.

Il y avait, en Nouvelle-Calédonie, bien des
gens qui avaient été condamnés pour la politique, et qui auraient pu l'être pour des délits
ou des crimes de droit commun ; il y en avait
qui, soit par convoitise, soit par fanatisme, ne
rêvaient que bouleversements et représailles ;
mais il y avait aussi des hommes sérieux, plus
malheureux que coupables, qui commençaient à
comprendre qu'on les avait trompés, ou qu'ils
s'étaient trompés, et qui, sans renoncer définitivement à leurs revendications, jugeaient plus

sage, même au point de vue du succès futur, de
les ajourner. Tels étaient les amis de Frontenac.
Ils se mirent à vivre comme d'honnêtes ouvriers,
de la vie de famille. On ne les vit plus au cabaret;
on ne les entendit pas parler de revanche, ni
chanter des chansons à faire peur. On n'aurait
pas aperçu, dans toute l'étendue de la Ville-en-
bois, un seul chiffon d'étoffe rouge. Quand il fut
bien constaté que les arrivants n'étaient ni mena-
çants, ni arrogants, les natifs ne refusèrent pas
de frayer avec eux, et Frontenac réunit sous son
empire deux nations différentes, mais alliées.

Parmi les dissemblances qui caractérisaient ces
deux peuples, la plus saillante était celle-ci. Les
Dommartin des Valpajoux étaient fort indifférents pour l'exercice de leurs droits politiques;
ils votaient de père en fils pour les Parieu, parce
que c'étaient de braves gens et qu'ils étaient du
pays. Quand on leur parlait d'un autre candidat,
ils répondaient invariablement par ces paroles
profondes : « Nous ne voulons pas de révolutions. » Les Ville-en-bois étaient tout autres. Ils
commencèrent par se faire inscrire sur les listes
électorales; ils nouèrent des relations avec les
avancés des autres communes; ils tinrent des

conciliabules, assistèrent aux réunions publiques d'Aurillac, tout cela sans exagérations, sans folies, et, à ce qu'on pensait généralement dans le pays, sans aucun succès. Les Auvergnats ne faisaient que sourire de cette agitation si éloignée de leurs habitudes, et se disaient : « Nous nous retrouverons dans le scrutin. » Ils comptèrent si bien là-dessus, qu'ils furent battus à plate couture. La commune de Dommartin des Valpajoux eut un conseil exclusivement composé de transportés, et le département ayant eu deux sénateurs à élire, donna tant de voix au docteur Frontenac qu'on peut regarder son succès comme assuré pour une prochaine candidature.

Les réactionnaires de toutes nuances ne manquent pas de protester, parce qu'on proteste toujours quand on est battu; mais, au fond, ils n'ont rien à dire. Il n'y a pas eu de pression administrative, pas d'intrigues; il n'y a pas eu de ces programmes effrontés qui promettent des choses impossibles. Tout s'est passé régulièrement; une opinion l'a emporté sur une autre, et voilà tout. Dommartin des Valpajoux s'est trouvé fort penaud un beau matin, en se voyant dépossédé de l'administration de sa fortune communale.

Ses conquérants n'ont pas fait de folies, mais ils ont fait des nouveautés inquiétantes. Ils ont aliéné le vieux château, où la maison Thinisane, qui exploite la chaudronnerie en grand, a immédiatement empilé plus de cinq mille casseroles ; ils ont traité avec M. Molinier, de la vallée aux Blaisots, qui va fonder une usine de cuivre sur les communaux ; ils ont exproprié tout le côté sud de la rue Pavée-Sainte-Ursule, pour ouvrir une place publique et construire un groupe scolaire et un casino. Ils disent qu'il ne faut pas enfouir les écus du baron. Avec tout cela, les centimes additionnels vont bon train. Comme la dernière loi municipale a supprimé l'intervention des plus imposés, les transportés disposent tout seuls d'un argent qui n'est pas à eux et d'un pays qui n'est pas le leur.

On les attendait sur les questions religieuses. Dès la première séance du conseil où ils s'étaient trouvés en majorité, l'un deux avait proposé de *désaffecter* le presbytère. Mais l'ancien ministre de la destruction des cultes s'était moqué de lui, et lui avait fermé la bouche en lui citant le soixante-douzième article organique du 26 messidor an IX. L'opposant a été plus heureux quand il a ouvert l'avis de laïciser en bloc les deux écoles, l'hôpital, l'hospice et l'asile.

A l'heure qu'il est, c'est une expédition terminée. Il n'y a eu aucune violence. Le conseil a émis un vœu unanime. Frontenac est allé trouver le préfet, qui s'est empressé de prendre les mesures nécessaires. Les religieuses de Nevers, qui tenaient l'école et desservaient l'hospice et l'asile, ont été comblées d'égards ; il en a été de même des frères des écoles chrétiennes. Comme l'argent ne manque pas à Dommartin, grâce aux libéralités du baron, on a pu se procurer, en instituteurs, institutrices et infirmières, tout ce qu'il y avait de mieux dans le département. Le service de tous les établissements communaux est parfait; on cite notamment les écoles comme des modèles à imiter ; la conférence des instituteurs est venue les visiter sous la conduite des inspecteurs primaires. L'instituteur n'a eu qu'une faute à se reprocher. Il avait introduit dans l'école un livre où la religion catholique était vilipendée. Le maire l'appela aussitôt dans son cabinet, et lui représenta que les catholiques avaient droit, tout comme les autres citoyens, à être respectés. « Sous mon administration, lui dit-il, la neutralité sera une vérité. » Il lui conseilla de se servir par préférence des manuels de M. Paul Bert.

Il est pénible de voir son bien dans les aventures, de loger dans une rue qui s'appelle la rue du Dix-huit-Mars, et de passer devant la statue en plâtre de Voltaire pour aller à la messe. Les Dommartin ne le disent pas, mais ils le sentent. Le curé est seul à protester tout haut. Ils l'écoutent avec plaisir, et ne lui répondent pas. Quelques-uns se disent, tout en l'approuvant : « Il nous fera des affaires ! »

Ce curé remuant et récalcitrant a pourtant réussi sur un point : il a fondé une école libre où il fait le catéchisme tout à son aise. Les élèves y affluent, à la grande mortification de Frontenac et de ses amis. C'est que les femmes, qui sont toutes avec leur curé, ont plus de vaillance que les hommes.

Les conseillers municipaux sont désolés de cette malveillance des femmes. Ils professent pour elles un grand respect et ne sont pas éloignés d'émettre le vœu qu'on leur confère tous les droits civils et politiques sur un pied d'égalité absolue avec les hommes. Ils ne manquent pas une occasion de leur rappeler ce que la République a déjà fait

pour elles, les emplois qu'elle leur a réservés, les
carrières qu'elle leur a ouvertes. Ils espéraient
beaucoup de la loi sur le divorce, et parlaient
même d'inviter officiellement M. Naquet à venir
faire une conférence. Finalement, ils ont résolu
de frapper un grand coup et de donner une preuve
éclatante de leur dévouement, en fondant un lycée
de filles. Ils sont persuadés que le cœur de toutes
les mères sera conquis à la République après un
pareil bienfait. Ce qui reste des terres du baron
suffit, et au delà, pour gager un emprunt de deux
millions. Frontenac a fait décider qu'on graverait
en lettres d'or sur la porte du lycée ces mots :
« Fondation d'Agénor des Valpajoux. » Déjà on
lisait sur la façade du groupe scolaire : « Écoles
laïcisées par Agénor des Valpajoux. » C'est que
Frontenac a un grand sentiment de la justice. « Je
sais, dit-il, que c'était un clérical; mais il n'en
est pas moins le bienfaiteur de la commune. »

IV

LA QUESTION D'ARGENT

I

LA DISCUSSION DU BUDGET

I. — AVANT LES ÉLECTIONS

En 1884, au cours d'une discussion qui s'était élevée dans la commission du budget, M. Henri Maret demanda qu'on présentât les choses telles qu'elles sont, et qu'on ne prît pas à tâche de les embrouiller pour empêcher le pays de voir clair dans ses affaires. « Mais alors, dit un membre qui n'est pas le premier venu parmi nos financiers, il faudrait donc avouer que le budget est en déficit. Qui l'oserait? — Moi! » répondit M. Maret. Mais la majorité résolut de nous mettre en équilibre malgré l'évidence; et elle a encore tenu cette gageure pour 1886.

Grâce à M. Jules Roche, le très savant et très habile rapporteur général, toutes les dépenses de l'année prochaine seront couvertes par les recettes. Il y aura même un excédent de quarante-huit mille francs. Il n'en triomphe pas. Quarante-huit mille francs, une misère! Mais, au moins, quoique nous n'ayons qu'un chétif excédent de 48 000 francs, qu'on ne vienne pas nous parler de déficit! Qu'on ne nous en parle pas surtout à la veille des élections!

M. Pascal Duprat disait qu'un certain orateur romain avait derrière lui un joueur de flûte chargé de régler son éloquence, et qu'il en est de même du député, quand la période électorale est ouverte ou prochaine : le candidat est derrière lui et lui donne le ton. Dans la discussion générale, si singulièrement placée après le vote du budget des dépenses, M. Henri Germain, M. Camille Palletan, M. Raoul Duval n'avaient pas de joueur de flûte; mais M. Wilson, M. Rouvier, M. Jules Roche en avaient un; et ils soutenaient que le budget de 1886 se soldait en équilibre avec un excédent de 48 000 francs.

M. de Mackau, qui se sert de ses yeux, à ce qu'il paraît, ne veut pas y consentir. « Outre les dépenses du budget ordinaire, qui sont, en effet, couvertes par les recettes, vous avez d'autres dépenses qui sont déjà votées, qui seront faites par conséquent, et qui constituent pour 1885 un déficit de 600 millions. Vous avez eu le même découvert en 1885, en 1884, en 1883; vous y marchiez en 1882. Comment donc pouvez-vous être en équilibre en dépensant chaque année 600 millions au delà de vos revenus? »

M. Henri Germain s'est chargé de lui répondre, mais il ne lui répond que pour le fortifier. « C'est, dit-il, que M. de Mackau ne connaît pas « le système ». On paye les dépenses ordinaires au moyen de l'impôt, et les dépenses extraordinaires au moyen de certaines caisses d'invention récente qui suppriment la difficulté. » Je crois même que M. Germain, qui est étincelant et vigoureux, mais qui n'a pas la main légère pour les équilibristes, a dit qu'elles les escamotent. « En effet, dit-il, que met-on dans ces caisses? De l'argent? Non pas! une dette. »

Une dette, c'est-à-dire un emprunt. Autrefois, quand on contractait un emprunt, on le comptait dans son passif; à présent, on le compte dans son actif. Ce n'est qu'une simple transposition de colonne; et cette transposition, comme l'explique M. Henri Germain, est tout simplement un chef-d'œuvre.

Là-dessus, les défenseurs du fameux équilibre ont recours à une équivoque. Ils avouent que les 600 millions dont il s'agit ne peuvent être soldés que par des fonds d'emprunt; mais le chapitre 5 du budget contient toutes les annuités que ces emprunts vont rendre nécessaires. Donc, il n'y a pas de déficit, et le budget des recettes suffit à toutes les dépenses.

« Doucement, répondent en chœur M. Henri Germain, M. Camille Pelletan et M. Raoul Duval; puisqu'il vous manque, tous les ans, six cents millions pour solder vos dépenses, et puisque vous empruntez tous les ans six cents millions, ce qui fait, en quatre ans, deux milliards quatre cents millions, il est clair que vous avez dépensé deux milliards quatre cents millions au delà de votre avoir. Donc vous êtes à découvert de deux milliards quatre cents millions et de six cents millions pour l'exercice de 1886. Vous payerez les arrérages, mais vous n'en aurez pas moins la dette. »

Battus à plate couture sur ce point, les équilibristes démasquent une seconde batterie. « Qu'appelez-vous, disent-ils, une dette ? Une dette d'État est une dette consolidée. Or, nous n'avons pas ouvert le grand-livre. Nous payerons tout en soixante-quinze ans, en six ans, ou même plus tôt si cela nous fait plaisir ; car tout est en 3 pour 100 amortissable, en obligations sexennaires ou en dette flottante. » On espérait beaucoup de cette merveilleuse théorie, M. Camille Pelletan qui est un rude jouteur, n'en fait qu'un jeu. « J'appelle une dette, dit-il, tout ce qu'on est obligé de payer, et un déficit, tout ce qu'on ne peut payer avec son propre argent. »

Alors on se replie derrière la troisième batterie : « Oui, c'est vrai, nous en convenons avec franchise, puisqu'il devient impossible de faire autrement. Nous avons la dette, mais nous n'avons plus toute la dette. Nous amortissons, vous oubliez l'amortissement. »

« Je suis loin de l'oublier, répond M. Germain. La République a amorti deux milliards six cents millions, et c'est admirable. Cet amortissement, après des malheurs comme ceux de 1870, et quand nous étions surchargés de 700 millions de nouveaux impôts, fait le plus grand honneur à la France, et démontre aux plus incrédules qu'on peut avoir des finances florissantes sous un gouvernement républicain. Mais vous vous trompez volontairement de milliards, d'époque et de Chambre. Ces milliards-là ne son pas ceux dont il s'agit; cette époque est antérieure à 1881, et la Chambre qui a amorti n'est pas celle qui me fait l'honneur de m'entendre. Je n'ai que des éloges à donner à la gestion financière de vos devanciers, et il n'y a que des plaintes à faire de la vôtre. C'est vous que j'attaque; ce n'est pas, tant s'en faut, la République. Tout le bien que d'autres ont fait n'empêche pas le mal que vous faites, et tous vos raisonnements n'empêcheront pas votre budget d'être en déficit. »

En ce moment apparaît la quatrième ligne de défense. Il faut en convenir, ces équilibristes se défendent pied à pied. « Soit, disent-ils; nous frisons un emprunt, et vous appelez cela un déficit. Mais cherchez une maison de banque qui procède autrement que nous! Les opérations de toute maison de banque reposent sur deux bases également nécessaires, sur son capital et sur son crédit. Le crédit d'une bonne maison est aussi sérieux

que son capital. Allez-vous dénoncer comme étant
en péril toute maison de banque qui alimente ses
entreprises par des fonds d'emprunt, quand ces
emprunts sont bien classés et bien garantis? »

Le malheur pour cette belle comparaison, c'est
que l'État n'est pas une maison de banque. Il ne
spécule pas pour accroître son capital. Ses actionnaires, qui sont les contribuables, ne sont pas
venus à lui volontairement dans le but de faire fortune. Ils payent l'impôt par nécessité, et, comme
ils entendent acheter, au moyen de ce sacrifice,
la sécurité pour le reste de ce qu'ils possèdent,
ils ne permettent pas à leurs mandataires de courir les aventures. Surtout ils ne veulent pas
qu'on s'avise de les tromper, et qu'on leur dise
qu'ils vivent de leurs revenus quand ils vivent
d'emprunts avoués et d'emprunts déguisés. Même
une maison de banque, quand elle se respecte, et
quand elle respecte ses actionnaires, n'emprunte
qu'à de bonnes conditions, et vous empruntez à
5 p. 100 pour les chemins de fer algériens; elle
n'emprunte que quand elle est sûre de rembour-
ser régulièrement, et vous ne faites plus que des
amortissements dérisoires; elle n'emprunte que
pour des entreprises qui rapportent des bénéfices

supérieurs à l'emprunt, et vous ouvrez des chemins de fer dont le kilomètre coûte 300 000 francs
et produit 5 000 francs de revenu.

La démonstration étant arrivée à ce point d'é-
vidence, il ne restait plus aux défenseurs de la
majorité qu'à monter au Capitole. Ils y sont mon-
tés. « On dirait, à entendre nos adversaires, que
nous n'avons rien fait avec les milliards que nous
avons empruntés. Nous avons ouvert 10 000 kilomètres de chemins de fer, élevé 26 000 maisons
d'école, dépensé 745 millions pour les chemins
vicinaux. Il ne reste plus que 900 millions à
trouver pour achever le plan gigantesque de M. de
Freycinet. Nous avons donné de l'instruction
aux enfants, du travail aux ouvriers, des débou-
chés au commerce et à l'industrie. Ce n'est pas
notre faute si le pays qui, en 1875, produisait
83 millions d'hectolitres de vin, n'en produit plus
que 34 ou 35. Malgré la maladie de la vigne, le
choléra, les surprises de Bac-Lé et de Lang-Son,
nous avons créé des valeurs nouvelles que nous
portons avec orgueil à notre actif; nous avons
démontré à la population, à l'Europe, au monde,
la vitalité et la puissance du gouvernement républicain. Il n'y a pas dans notre histoire une

époque, ni, à l'heure qu'il est, dans le monde entier, une nation où l'on ait déployé tant d'activité, et accumulé, en si peu de temps, un si grand nombre de merveilles.»

Ces fanfares sont toujours admirables. Je ne sais pas ce qu'en pensera le contribuable, qui voit la carte à payer et qui n'a plus le choix qu'entre de nouveaux impôts et de nouveaux emprunts. Je sais au moins qu'il ne comptera pas, parmi les dépenses productives, nos chemins de fer du haut Sénégal, notre campagne languissante de Madagascar ou nos campagnes meurtrières du Tonkin et de Formose. Il se dira que les mêmes gens qui ont fait la guerre pendant deux ans sans en convenir, lui ont creusé pendant quatre ans un déficit sans l'en prévenir, et il ajoutera avec M. Germain, M. Pelletan, M. Raoul Duval, que ce n'est pas en la trompant et en l'aveuglant qu'on sert bien la République.

II. — Après les élections.

LE GOUVERNEMENT. — Nous avons un déficit. Il est indispensable de faire un nouvel emprunt

LA COMMISSION. — Va pour l'emprunt! Un

emprunt, quand il se couvre facilement, prouve la richesse du pays.

LE GOUVERNEMENT *et* LA COMMISSION, *ensemble*. — Cet emprunt sera le dernier! Ni nouvel emprunt, ni nouvel impôt!

L'emprunt se fait, l'année se passe, les Chambres reviennent.

LE GOUVERNEMENT. — Ni nouvel emprunt, ni nouvel impôt! Il n'en faut plus. Voici le nouvel impôt que je propose.

LA COMMISSION. — Je n'en veux pas. Voici le mien.

LE MINISTRE. — Je le prends. Je vous le propose.

LA COMMISSION. — Je n'en veux plus!

LE RAPPORTEUR. — En voici un troisième, qui est parfait. C'est l'impôt sur le revenu.

On se bat. Le ministre donne sa démission. Il la retire. Le rapporteur déchire son rapport; il en fait un autre. La commission abandonne son système; elle en rêve deux ou trois nouveaux.

Heureusement pour la France, M. de Douville-Maillefeu veillait. Il se place sur le seuil avec une épée flamboyante : « Commissaires, vous ne sortirez d'ici qu'avec 20 millions d'économies ! »

Que chante-t-il là, avec ses 20 millions? C'est 200 millions qu'il fallait dire.

Et encore! Mais, alors, survient la bataille des sous-préfets, qui enlève les quatre emprunts, le rapporteur, le président et le gouvernement.

Fin de la comédie. *Exeunt omnes.*

II

LE BUDGET DES ÉCOLES

Vous pensez bien que j'ai appris à lire avant la
loi du 28 mars 1882. Si j'avais le bonheur d'être
un enfant, je saurais à présent modeler, ce qui
me serait utile dans une foule de circonstances.
Je saurais aussi ce que c'est que l'impôt; je l'aurais appris dans le catéchisme de M. Paul Bert.
Comme je suis né longtemps avant l'invention
des écoles primaires, je sais seulement que
l'impôt pèse lourdement sur le pauvre monde, et
que le premier devoir d'un bon député est de
le diminuer quand il le peut, et de ne jamais
l'augmenter sans la nécessité la plus absolue. Ce

sont deux vérités bien simples; je les crois au-
dessus de toute contestation, et je voudrais les
propager, si j'en étais capable.

Je lisais l'autre jour, par manière de passe-
temps, le rapport de M. Antonin Dubost sur le
budget de l'instruction publique. C'est un ouvrage très intéressant, rempli de documents
curieux, et remarquable surtout par sa sincérité.
M. Antonin Dubost se félicite beaucoup de
l'accroissement des dépenses de l'instruction publique. Il croit qu'il faut donner à l'instruction
publique tous les millions dont elle a besoin et
ne pas les regretter.

Je suis bien de son avis. J'ajoute seulement,
comme correctif, qu'il ne faut lui donner que les
millions dont elle a réellement besoin, et que ces
millions étant à la fois la richesse du pays et celle
du pauvre, il importe d'en faire un usage judi-
cieux et de ne pas les gaspiller.

Il n'y aura pas de difficultés entre nous sur ces
points-là. M. Antonin Dubost sait être généreux,
mais il ne veut pas être prodigue. Il nous apprend
que le budget de l'instruction publique, qui était
de 24 millions en 1870, sous un gouvernement
riche et ami de la dépense, s'élève, maintenant,

à 132 576 971 francs, en dépit de notre détresse, et quoique nous ayons perdu deux provinces dont les écoles coûtaient cher.

Entendez bien que, ni les 16 millions imputés sur ressources spéciales, ni les budgets départementaux et communaux, ni les dons et legs, ni les dépenses de l'enseignement libre, ni celles des familles ne sont compris dans ce chiffre; il ne s'agit que des dépenses faites directement par l'État. Le gouvernement avait demandé 139 millions 571 201 francs; disons, en chiffres ronds, 140 millions; mais, vu le déficit, on ne lui donne pour cette année que 132 576 071 francs. C'est encore un beau budget, bien plus beau que celui de 24 millions dont on se contentait sous l'Empire. Cette augmentation de 108 millions, réalisée en quelques années, et due tout entière à la République des républicains, inspire à M. Antonin Dubost un orgueil que je suis bien près de partager, toujours en faisant mes réserves sur l'opportunité et sur l'emploi.

La différence entre lui et moi n'est pas très profonde. Je pense qu'en s'y prenant bien, on ferait quelque chose avec 132 ou 133 millions. M. Antonin Dubost est plus exigeant. Ce budget de 133 mil-

lions, qui a succédé à un budget de 24, n'est,
suivant lui, qu'un budget provisoire. C'est tout au
plus un commencement. Il importe, suivant M. Antonin Dubost et la commission qu'il représente,
de se mettre résolument en face des nécessités, et
les nécessités sont telles, que nous devons infail-
liblement, dans un avenir très prochain, arriver à
une dépense annuelle de 250 millions. Je dis
250 millions, ou plutôt c'est M. Antonin Dubost qui
le dit : « Il ne se passera pas dix ans, dit-il, avant
que cette nouvelle amélioration soit obtenue. »
La différence entre 132 et 250 étant de 118, il
s'ensuit que nous ne sommes pas encore à moitié
chemin des « améliorations » projetées.

Mais je répète là ces chiffres de 132 et de
250 millions après M. Antonin Dubost : je com-
mets la même faute que lui. En nous bornant à ces
premiers chiffres, nous risquons de donner une
idée très fausse de la situation. M. Antonin Dubost ne parle, au commencement de son rapport,
que d'une augmentation certaine de cent ou cent
vingt millions ; mais il se reprend à la page 67 ; il
éprouve un remords. Il déclare qu'il est resté bien
au-dessous de la vérité. « En effet, dit-il, rien
que pour l'instruction primaire, on arrive à des

augmentations de crédits montant à 165 750 400
francs. » Il croit qu'en faisant de cruels sacrifices,
on pourrait réduire ce chiffre à 130 millions, mais
il lui paraît impossible de descendre au-dessous.
Nous voilà donc à 262 millions, en ne comptant
que les augmentations provenant de l'instruction
primaire, et en les évaluant au plus bas. Sur ce
pied-là, au lieu d'un budget futur de 250 millions,
M. Antonin Dubost aurait pu nous promettre pour
les prochaines années un budget de 300 millions.
Et il y aurait mis de la modestie.

Ce n'est pas tout. Indépendamment de ce
budget, il y a la caisse des lycées, collèges et
écoles primaires, qui n'est pas sans importance.
Cette caisse a reçu une première dotation de
542 200 000 francs, sur lesquels il lui reste une
somme de 48 millions. Or, il résulte d'une enquête attentive faite au ministère de l'instruction
publique, qu'il faudrait ajouter à ces 48 millions
une somme de 276 millions pour avances à
faire aux communes, et une somme de 330 millions pour subventions à leur donner; soit
ensemble une somme de 606 millions qui, ajoutée aux 542 millions antérieurement alloués,
formeront un total de 1 148 000 000. Pour cette

année, on se borne à inscrire au budget un sup-
plément de crédits de 30 millions ; de telle sorte
que le budget est, dès à présent, de 163 millions,
et non pas de 133 comme M. Antonin Dubost et
moi nous avons eu le tort de le dire à plusieurs
reprises.

Je sais bien qu'on peut nous objecter que,
quand toutes les communes de France auront
leur groupe scolaire, on n'aura plus de ce che
que des dépenses d'entretien ; mais, à trente millions par an, il faut plus de vingt ans pour compléter la dépense de 606 millions. Et, soyez sûrs
que, d'ici là, on ouvrira d'autres chapitres, qu'on
découvrira d'autres besoins. Si, par exemple, le
peuple, qui a voulu la gratuité de l'instruction
primaire, s'avise de vouloir aussi la gratuité de
l'instruction secondaire, tout notre argent y
passera. Cette éventualité fait trembler M. Antonin
Dubost lui-même. Il se rassure, en disant que le
peuple n'y pensera pas. Il croit fermement qu'on
se contiendra dans les limites de 250 millions, —
ou disons, pour être exacts, de 300 millions, —
qu'il a tracées. Dieu le veuille !

Ces 300 millions, quelque zélé que je sois pour
les dépenses qui concernent l'enseignement, me

font rêver. Encore une fois je ne cherche pas querelle à M. Antonin Dubost; je l'admire, au contraire; j'aime à me persuader que l'autre Antonin, qui travaille aussi pour le compte de M. Fallière, M. Antonin Proust, ne traitera pas la musique et la peinture avec moins de libéralité. Il se contraint cette année, par patriotisme, à subir une économie de 1 954 750 francs; mais c'est un ami éclairé, ou plutôt un ardent protecteur des arts et des artistes, et tenez pour certain qu'il vous le fera voir dès que vous aurez un budget un peu mieux équilibré que celui-ci;

> ... Si quâ fata aspera rumpas !

Moi qui suis le parrain de la République aimable, je voudrais bien qu'elle produisît un siècle digne de prendre place parmi ceux de Périclès, de Léon X, d'Élisabeth et de Louis XIV, et je bénirai les Antonins s'ils nous le donnent.

Malheureusement, je sais compter; on nous enseignait déjà les quatre règles en 1820. Je sais que nous avons cette année un déficit de 200 millions, quoique nous ne dépensions que 162 misérables millions pour nos écoles publiques, et je me demande où nous prendrons

148 millions de plus dans quatre ou cinq ans. Ce sera sans doute dans nos poches, qui sont déjà vides. Et, encore ce qui achève de me désoler, c'est que ce n'est pas seulement pour l'instruction publique que les dépenses s'accroîtront. Tous les budgets progresseront de compagnie.

Je ne puis m'empêcher de penser que les ministres et les commissions du budget assument une responsabilité bien lourde quand ils proposent des accroissements de dépense dans la situation où nous sommes, et quand ils les font voter en vingt-quatre heures, comme de petites lois insignifiantes d'intérêt local. Crédits extraordinaires de 43 millions, budget ordinaire de 3 milliards, le Parlement vote cela avec une étonnante docilité et une rapidité qui donne le vertige. Il se sent tout rassuré et tout consolé parce qu'il a rogné le traitement de quelques malheureux petits fonctionnaires, et il profite de cette économie de quelques millions pour dépenser des centaines de millions en extravagances.

III

LE PETIT SOU

Il n'y a pas deux opinions sur la situation du budget; il est malade.

Mais il y en a deux sur la manière de le guérir.

Les grands financiers veulent recourir au grand remède, qui est l'impôt sur le revenu; et les profanes s'en tiennent à la méthode du petit sou.

Je ne parle pas des emprunts, qui ne sont pas des remèdes, mais seulement des palliatifs. Ils sauvent le quart d'heure, ils ne sauvent pas la maison. On en a tant abusé, qu'ils commencent à montrer la corde.

Pour dire la vérité, je ne crois pas que nous échappions à un nouvel emprunt. Nous n'échapperons pas davantage à l'impôt sur le revenu ; et enfin, nous sommes dès à présent en proie aux gens du petit sou : tous les malheurs à la fois !

Vous me demandez pourquoi nous n'échapperons pas à un emprunt ? C'est d'abord que l'habitude en est prise. Il y a à présent un emprunt chaque année, comme il y a un budget extraordinaire. Cet extraordinaire est devenu ordinaire. Ensuite, l'impôt sur le revenu n'est pas organisé ; il ne se fera pas en un jour. Il n'y a d'organisé que le déficit.

L'impôt sur le revenu ne me ferait pas peur s'il remplissait ces deux conditions : 1° de supprimer tous les autres impôts, ce qui nous ferait faire l'économie de MM. les percepteurs, et 2° d'écarter absolument dans l'application les évaluations arbitraires. Ces deux conditions me paraissent, à moi, très difficiles à remplir, mais peut-être ne seront-elles qu'un jeu pour M. Wilson.

Je ne saurais vous cacher mon aversion pour les gens du petit sou. C'est comme pour les araignées, cela ne se raisonne pas. Je ne les aime pas dans la vie privée; dans la vie publique, je les déteste. Il y en a eu sous tous les régimes; à présent, ils pullulent.

Je sais bien qu'il y a des réformes à faire et des abus à supprimer. Je citerai, par exemple, les sous-secrétaires d'État. Ils sont très gênants, et, de plus, assez coûteux. Il serait d'autant plus facile aux députés de supprimer ces emplois, qu'ils ont été créés par eux et pour eux. Mais ces messieurs du petit sou, loin de les attaquer, les protègent. Ils les lorgnent. C'est leur espoir, leur avenir. C'est pour obtenir un jour pour eux-mêmes ces vingt-cinq petits mille francs qu'ils rognent avec tant de zèle le budget des pauvres diables.

Le petit sou dit à ses électeurs : « C'est moi qui ai réduit le prix d'éloquence de l'Académie française de quatre mille francs à deux mille. Les lettrés crieront. Mais nous avions un déficit de deux cents millions à combler; j'ai jeté ces deux mille francs dans le gouffre. »

Il découvre un jour que le budget de la guerre attribue des frais de table aux généraux pendant leurs inspections. « Effaçons cela, dit-il. Ils en seront quittes pour supprimer le dîner d'adieu. » Il supprime du même coup les bons rapports intimes entre le chef et ses subordonnés. Il diminue le prestige du commandement. Il inflige une humiliation à nos meilleurs généraux. Son excuse est qu'il n'en sait rien.

Un autre s'avise que Paris a dix inspecteurs d'académie, tandis que chacun des autres départements n'en a qu'un. C'est monstrueux, dit-il; au lieu de dix, mettons-en quatre; ce sera encore trois de trop. Il en met quatre comme il en aurait mis six. Il ne sait pas qu'il y a à Paris huit lycées et quatre collèges, cent cinquante institutions libres, y compris celles de la banlieue; qu'il faut compter parmi ces institutions Monge et Sainte-Barbe; que nous avons ici des lycées de 1500 et de 1700 élèves. Il ne s'est même pas rendu compte du service des palmes! Il ne sait pas le nombre des professeurs et des administrateurs, des instituteurs et institutrices, des éditeurs, des marchands de crayons et des marchands de papier, des professeurs de danse et de gymnastique, des chanteurs et des chanteuses, comédiens et comédiennes qui sont en instance chaque année pour obtenir les palmes d'officier d'académie. Voyez-vous d'ici les quatre inspecteurs obligés de lire toutes les suppliques et toutes les lettres de recommandation que MM. les députés y ajoutent? d'ouvrir sur chaque postulant et chaque postulante une enquête? de les recevoir, de les interroger? Il est fort heureux que M. Goblet se soit trouvé là pour faire rétablir les crédits. Les quémandeurs de ruban violet peuvent respirer. Ils auront encore cette année leurs dix enquêteurs.

Il y a, dans la grande famille du petit sou, un sous-genre moins pernicieux, mais plus ambitieux. C'est celui qui, au lieu d'écheniller l'arbre, procède par coupes réglées. Il ne réussit jamais, c'est ce qui me console; sans cela, il y a beau temps que c'en serait fait de l'administration ançaise. C'est celui-là qui propose tous les ans de supprimer tous les tribunaux d'arrondissement et les sous-préfets. L'économie aurait une certaine tournure. La grande objection contre cette sorte de petits sous, c'est qu'ils se mêlent de ce qui ne les regarde pas. Ils ont été nommés pour étudier le budget, et non pour réformer l'administration et la justice. Je ne dis pas qu'il n'y ait pas lieu de supprimer un grand nombre de tribunaux; mais, en vérité, si on en vient là, que ce soit après enquête et sur l'avis des hommes compétents. On a déjà supprimé, il y a neuf ans, deux sous-préfets, sans consulter l'administration, uniquement pour faire plaisir aux petits sous. Deux sous-préfets, ce n'était pas une grosse affaire; ce n'était pas non plus une grosse économie. On craignit un moment que ce ne fût une entrée en matière, et que la commission partît de là pour rendre toutes les autres commissions inutiles en se chargeant de leur besogne. Elle y avait la main, puisque son président avait déjà supprimé tous les ministères à son profit personnel. Mais elle n'a pas poussé sa victoire plus loin. Tous les ans, un ou plusieurs petits-sous lui demandent d'infliger à nos deux cents sous-préfets le sort des sous-préfets de Sceaux et de Saint-Denis; et, tous les ans, elle passe à l'ordre du jour[1].

Le vrai champ de bataille du petit sou, c'est le budget des cultes. Là, il peut tout essayer, tout espérer. D'abord, la suppression même du budget. Cinquante millions! le quart du déficit!

---

1. Cet article était écrit quelques semaines seulement avant le vote célèbre qui a brisé M. de Freycinet et l'honorable corporation des sous-préfets. Vous ne direz jamais, si vous êtes sage : « Voilà une sottise que la Chambre ne fera pas. »

Quelle tentation ! La bataille est livrée et perdue tous les ans dans le sein de la commission. Cette première affaire réglée, l'armée strictement concordataire entre en danse. Vous connaissez sa ritournelle. Revenir au budget de 1803. Seconde bataille rangée, seconde défaite. A partir de ce moment, le champ est libre pour les économies de détail; le petit sou marche de succès en succès. Plus de cardinaux : les Italiens et les Allemands éliront le pape. Plus de chanoines, plus de vicaires généraux : le clergé de la cathédrale fera la besogne. Plus de facultés de théologie : les séminaires suffiront. Ici, querelle entre petits sous; les plus malins ne veulent pas même de séminaires : le premier budget concordataire n'en avait pas !

Le petit sou s'en prend aux sœurs de charité de Constantinople, qui nous y faisaient des amis; aux religieux de Jérusalem, qui hébergeaient et patronnaient les pèlerins; aux missions de Chine et de Cochinchine, qui répandaient dans l'extrême Orient notre nom et notre influence. Il casse aux gages les moines du cardinal Lavigerie, qui ne demandaient à la patrie que de leur donner du pain, et qui lui auraient donné un empiré. Il travaille par tous ces moyens à la destruction de la religion et des idées religieuses ; mais il déguise la guerre au cléricalisme un peu démodée, sous le nom d'économie budgétaire. C'est pour combler le déficit, qu'il accumule toutes ces ruines. Il prend un million quand cela se rencontre ; et il ne dédaigne pas une obole. Un jour, on demande aux Chambres 13 000 francs pour sauver les maîtrises et peut-être l'art du chant. Treize mille francs ! « La pétition est pleine d'intérêt, dit le ministre ; mais 13 000 francs, c'est un gros denier ! Oubliez-vous donc le déficit ? » Le déficit a cela de bon, qu'on le nie quand on a besoin de chanter la gloire du ministère, et qu'on l'invoque quand on veut contrister les cléricaux.

Quand M. Léon Say, M. Henri Germain et M. Ribot étaient députés, ils voulaient être de la commission des finances, parce qu'ils s'entendaient admirablement en finances. Ils pensaient que la place du médecin est auprès du lit du malade. Le petit sou n'a pas cette raison-là à faire valoir, il n'est pas médecin. Il ne comprend même pas le discours annuel par lequel l'opposition démontre que nous sommes perdus, et le

discours annuel par lequel le ministère démontre
que nous sommes sauvés.

Il a voulu être de la commission du budget,
d'abord parce que c'est une décoration, et ensuite parce qu'elle lui procure l'agrément de ne
plus voter dans les occasions difficiles. Il est là,
tranquillement, à son banc; il voit les angoisses
de ses voisins; il les savoure; il sourit gaiement
à l'urne quand elle lui passe sous le nez; il dit à
l'huissier : « Je m'abstiens comme étant à la
commission du budget. » La commission ne siège
pas; mais le monde, et particulièrement le monde
constitutionnel, est plein d'agréables fictions qui
en rompent la monotonie. Quand même elle siè-
gerait, il n'y serait pas. La séance publique est
bien plus amusante, et, pour lui du moins, elle
n'est pas compromettante. N'ayez pas peur qu'il
ait fait partie des quatorze membres, sur trente-
trois, qui ont répondu, pendant les vacances,
aux appels désespérés de M. Rouvier. Il se dit,
peut-être avec raison, qu'il n'a pas besoin d'être
là, puisqu'il ne sait pas de quoi il s'agit.

Il y a dix ans, on ne parlait que de ministère
homogène et de commissions compétentes. A présent, c'est tout le contraire; nous voulons des

ministères de concentration et des commissions
de conciliation. Les chefs de groupes se réunissent. « Il me faut au minimum cinq de mes
hommes dans la commission du budget. — Moi,
j'en veux six. » On discute le chiffre, on discute
les noms. Celui-ci est trop capable ; il aurait trop
d'autorité ; on est d'accord pour le mettre à
l'écart. « Vous voulez Rouvier ou Wilson? Vous
y tenez? On vous le passe ; mais qu'il vous suf-
fise. Il sera votre unique commissaire. — Non, il
m'en faut un de plus. — Alors, que ce soit Michelin ! » Quand les bureaux se réunissent, tout est
déjà réglé. Les déclassés prennent seuls la parole
et font, pour leurs idées ou pour leur personne,
un effort inutile. On sourit en les écoutant. Être
ou n'être pas sur la liste des chefs de groupe ;
tout est là. Il n'est pas nécessaire de dire son avis,
ni d'en avoir un.

Voilà pourquoi la commission est peuplée de
petits sous.

V

LA QUESTION SOCIALE

I

LE VŒU DE LA FRANCE

Il n'est pas étonnant que le pays soit fatigué de
cette Chambre qui n'a que des appétits, et de ces
gouvernements qui n'ont que des obéissances. Il
est excédé des querelles de couloirs, qui sont
devenues toute la politique; il ne voit dans les
hautes sphères que de grands ambitieux et pas de
grands citoyens; on lui joue des parades de la
foire sur le théâtre de nos grandes scènes histo-
riques. Ceux qui lui parlent songent à l'étourdir
ou à l'éblouir, jamais à l'éclairer. Ils mettent une
échappatoire dans tous leurs discours. Ils veulent
être prêts pour toutes les conversions. Lui, au

14.

contraire, il sent un besoin impérieux et tous les
jours croissant, de clarté et d'autorité. Plus le
gouvernement sera clair et précis dans ses déclarations, ferme et résolu dans ses actes, plus il
sera content de lui. C'est une grande chance
pour un gouvernement : on devrait se hâter de
la saisir. Ce peuple capricieux, qui souvent ne
peut supporter le frein, aujourd'hui demande à
être mené. Le mal dont il souffre n'est pas l'op-
pression; ce n'est pas l'anarchie; c'est l'indé-
cision.

Tenez pour certain que la Chambre ne veut pas
de l'impôt sur le revenu. Je n'en conclus pas
qu'elle ne le votera pas! Le gouvernement n'en
veut pas; je n'en conclus pas qu'il refusera de
l'appliquer! Le pays n'en veut pas; je n'en conclus pas qu'il ne se résignera pas à le subir! Si
nous sommes témoins de cette triple abdication,
ce sera, que vous en semble? une des belles appli-
cations du suffrage universel. C'est dans ces occasions qu'une Chambre dit à l'autre : « Je vous
envoie la résolution que je viens de prendre,
pour que vous me fassiez le plaisir de la casser. »
Quand le pouvoir parlementaire en est là, quand
il ne sait plus ni penser ni vouloir, il a besoin

d'un gouvernement qui sache penser et vouloir pour lui.

La société se défendait mieux autre fois. Serait-ce qu'elle est déjà frappée au cœur ?

M. de Freycinet vient de parcourir la France au milieu des acclamations qui saluent partout ses services et son éloquence. Je ne veux pas savoir ce qu'on lui demandait à Toulouse, à Montpellier, à Bordeaux, où il n'entendait que son monde officiel, c'est-à-dire son parti et son régiment. Je sais ce que lui demandait la France.

Elle lui demandait ce qu'il compte faire pour garantir la paix au dehors, pour compléter notre armée, pour la rendre solide, vraiment militaire, pour donner de la sécurité aux intérêts, pour assurer aux croyants et aux incrédules la même liberté, pour améliorer la situation des ouvriers sans créer de privilèges en leur faveur, pour rendre aux fonctionnaires de l'État l'autorité, la dignité... et la durée, première condition de l'autorité et de la dignité ; pour prendre lui-même dans le Parlement la place à laquelle il a droit comme ministre, comme orateur, comme homme d'État ; pour se débarasser et nous débarrasser des intrigants, des importants et des impuissants. On lui demandait, en un mot, de se mettre à la tête de la vraie majorité française, qui est une majorité conservatrice et libérale, aujourd'hui disloquée, dispersée, découragée, impuissante, faute de chefs et de programme, mais qui prendrait immédiatement son essor sous une main vigoureuse. Ce n'est pas un simple député qui peut prendre ce rôle à moins d'être porté par des circonstances, qui ne se rencontrent pas deux fois en un siècle. Ce que M. Raoul Duval veut faire pour 500 députés, M. de Freycinet peut le faire, et plus facilement, pour 10 millions d'électeurs; car il est le gouvernement. S'il ne l'est pas, il peut l'être : il n'a qu'à vouloir. Voilà la vraie politique de concentration. Voilà ce qu'on demandait avec instance à M. de Freycinet.

Malheureusement, on le lui demande encore après sa tournée faite. Et l'impôt sur le revenu, si on nous le donne, ne sera pas une fameuse réponse.

III

JACQUERIES

La maison Van der K..., de Vermeeren, a cessé
ses payements. Le découvert dépassera vingt-
deux millions. C'était de beaucoup la maison la
plus florissante de Belgique. Sa prospérité l'a perdue. A l'exposition d'Anvers, elle l'a emporté
haut la main sur les produits de la France et de
l'Allemagne. Les commandes ont afflué. Cela a
forcé ses achats de charbon et de matières premières; elle a même contracté un emprunt, pour
faire face à ce surcroit de fabrication. Elle n'a
pu faire ses livraisons à cause de la grève; les
échéances sont venues, le gage même de l'em-

prunt est détruit, puisque la fabrique et la maison
d'habitation qui faisaient l'orgueil de la contrée
ont été pillées et incendiées. C'est une ruine sans
remède. Madame Van der K..., qui avait droit à
des reprises, a tout abandonné aux créanciers de
son mari. Les voilà l'un et l'autre, dans un âge
avancé, dénués de toutes ressources. Ils trouveront asile dans quelque hospice. Leur fils unique
est lieutenant dans la garde et vivra de sa paye.
Ce sinistre ne fait qu'ouvrir la série; toutes les
fabriques de la province y passeront.

Les grévistes doivent être contents. Ils sont
vengés. Vengés, non pas de la famille Van der K...
qui ne leur a fait que du bien. Le mari était un
maître bienveillant, généreux; il leur a fait gagner de bons salaires; il leur a bâti des maisons
commodes; il a fondé une école pour leurs enfants, un hospice pour les vieillards. La femme
était la Providence de tous ceux qui souffraient;
on la voyait sans cesse au chevet des malades comme
une sœur de charité. Non, les grévistes sont vengés de la destinée qui les tenait en bas, tandis que
les Van der K... étaient en haut. Ils ont fait de leurs
bienfaiteurs deux misérables. Quant à eux-mêmes,
ils sont perdus. Voilà le bilan de leur campagne.

Ils ne seront pas patrons, parce qu'ils n'ont ni
capacité, ni argent pour cela; et ils ne seront
plus ouvriers, parce qu'il n'y aura plus de patrons. Quitter leur pays et leurs maisons pour
aller quêter du travail ailleurs, il n'y faut pas
penser. Vermeeren n'est pas le seul point dévasté
de la province; ils ne voyageraient que sur des
ruines. Ils ont tué pour longtemps le travail et le
salaire. Ils étaient ouvriers; ils ne sont plus que
mendiants. Chez qui vont-ils mendier? Chez ceux
qu'ils ont incendiés ou pillés, qu'ils ont menacés
de mort. Que diront-ils pour les émouvoir? Ils
étaleront leur misère affreuse; mais, cette misère, elle n'a pour cause que leurs crimes. Ils
sont encore plus coupables que malheureux.
On ne dit pas à la porte d'une maison : « Donnez
à un voleur, à un incendiaire, à un assassin. »
Au surplus, ils n'en sont pas, pour le moment à
demander : ils prennent. C'est un métier qui n'est
pas longtemps de ressource. Et après? Les hommes, en grand nombre, ont été tués, ou sont en
prison, peut-être pour n'en plus sortir. Les
veuves et les enfants deviendront ce qu'ils pourront. Je le répète : les ouvriers doivent être contents. Ils ont pleinement réussi. Que pouvaient-

ils espérer de mieux? La Jacquerie les a conduits où elle devait fatalement les conduire : à la misère sans remède, au désespoir.

Depuis trois semaines, l'armée des reporters est sur le terrain comme l'armée belge, et ils nous renseignent non seulement sur les actes, mais sur les sentiments des grévistes. Il y a des bandes rugissantes, qui sortent d'un incendie pour porter ailleurs la torche et le pillage, on ne peut que s'enfuir devant elles comme devant la mer déchaînée; et des bandes gémissantes, qui traînent leurs enfants et leurs malades, et ne songent plus qu'à calmer leur faim et à leur trouver un abri. A celles-là les reporters peuvent parler. Ils leur donnent des conseils qui seraient bons, s'ils étaient praticables. Ils disent qu'il reste çà et là des fabriques encore debout, des patrons encore prêts et qui n'attendent que des bras. « Vos enfants souffrent et meurent : pourquoi ne reprenez-vous pas le travail? » Mais les grévistes répondent invariablement : « Nous ne pouvons pas, nous n'osons pas! » Ils ont de nouveaux maîtres à la place des anciens: les maîtres émeutiers, maîtres implacables. C'est l'histoire de toutes les grandes catastrophes humaines : une poignée de sycophantes et un troupeau de lâches.

Certes, on ne peut pas amnistier les voleurs, ni s'apitoyer sur les incendiaires. Mais, enfin, ils sont plus malheureux aujourd'hui que les bêtes féroces; ils souffrent par tous les organes de la bête et par tous les sentiments de l'homme. Ils n'étaient pas déjà si heureux quand ils ont commencé ! Leur travail était dur, leur paye modique, les besoins autour d'eux pressants. On est venu leur dire qu'ils étaient exploités, volés, traités en esclaves. On a allumé leurs colères. On leur a juré que, s'ils se débarrassaient des maîtres, ils seraient maîtres à leur tour; qu'ils auraient le suffrage universel comme les ouvriers de Decazeville, qui sont électeurs au même titre et avec les mêmes droits que M. Grévy, et qui, apparemment, n'ont plus rien à souhaiter, étant en possession de cette béatitude. Ils se sont laissé éblouir. L'imposture était grossière ; mais que ne peut-on persuader à des souffrants, à des ignorants, à des irrités? On les a précipités comme une meute sur les ouvriers inoffensifs, laborieux. Ils ont prêché et crié à leur tour, porté dans les ateliers le langage et les incitations des clubs. « Allez-vous travailler pour ceux qui vous traitent comme des bêtes de somme? travailler pour leur luxe, pour leurs plaisirs? abandonner les droits de la justice, les droits du peuple? trahir vos frères, qui se sont sacrifiés pour vous en donnant le signal de la révolte? » Invocations puissantes, même sur les cœurs bien placés. Puis, après les prières, les menaces et les sévices. La raison suprême de toutes les guerres apparaissait avec ses conséquences sinistres : « Tuer pour ne pas être tué! » Guerre étrangère, guerre civile, guerre sociale, c'est toujours le même refrain. Que faisaient nos conventionnels, tremblants de peur devant le comité de salut public qui tremblait devant Robespierre? Que faisait Robespierre lui-même? Il tuait pour ne pas être tué.

La charge la plus lourde dans ces cataclysmes, la charge terrible, épouvantable, accablante, reste à celui qui pousse les autres. Les autres deviennent à sa suite des voleurs et des incendiaires: celui-là est le vol et l'incendie; ils sont des criminels : il est le crime. On serait tenté de dire aux juges, car le temps de juger va venir; il est venu, à Londres, à Decazeville, en Belgique : « Ayez des entrailles pour ceux qui ont été fanatisés par la souffrance ou la colère et maîtrisés par la peur ; frappez sans pitié les organisateurs

du désespoir et de la ruine, les ennemis des
ouvriers, les ennemis du travail, les ennemis de
la patrie, les ennemis de l'humanité. Appesan-
tissez sur les apôtres la main de justice. Ils sont
responsables de tous les assassinats commis pour
la même cause sur tous les points du globe, dans
des pays où ils n'iront jamais, où leurs noms
sont inconnus; responsables de toutes les misères,
de toutes les calamités, de la ruine, du crime, du
déshonneur. Ils ont pris ce métier, de dépraver
les populations, de s'élever par les crimes et le
malheur des autres, d'arriver par cette voie sanglante au pouvoir et à la richesse. N'ayez pas peur
qu'ils portent eux-mêmes le couteau ou la torche!
Ils vous diront, si vous avez enfin le courage de
leur mettre la main au collet : « Je n'ai tué
personne! Je n'ai pas volé! Mes mains sont
pures! »

C'est à la société européenne, à la société
humaine à voir clair dans cette affaire; à ne pas
user ses forces contre les petits, qui ne sont que
des instruments; qui sans doute font des victimes,
mais qui sont eux-mêmes des victimes. Qu'elle
aille à la cause; qu'elle frappe à la tête.

Et qu'elle ne croie pas qu'elle sera sauvée dans

ses intérêts et amnistiée devant l'histoire, si elle
se borne à mettre fin aux prédications criminelles.
Il y a une cause plus terrible, parce qu'elle est
plus durable. C'est la guerre faite aux prédicateurs du bien, à l'heure même de la rage et du
triomphe des prédicateurs du mal. C'est la neutralité prêchée comme un devoir aux instituteurs
de la jeunesse. C'est le scepticisme devenu à son
tour une religion d'État. C'est le frein supprimé,
l'espérance détruite ; l'image et la promesse d'un
monde meilleur reléguées parmi les fables ; le
respect et la tradition partout abandonnés, le
devoir sacrifié au droit, et le droit réduit à
l'égoïsme, c'est-à-dire au droit de la guerre.
O citoyens ! vous dites que vous êtes des frères.
Je suppose que vous l'avez été ; que vous avez
voulu l'être. Mais vous êtes des frères changés
en loups : *homo homini lupus.* Votre excuse, si
vous en avez une, est dans votre ignorance et dans
l'étroitesse de vos pensées. Ces discours que vous
prononcez avec tant de joie, non pas, dites-vous,
pour bannir Dieu de la société humaine, mais
pour le séquestrer dans ses temples et le sous-
traire à l'intelligence et au cœur des enfants, ces
discours préparent, sans que vous le sachiez, les

auditoires et les bataillons de notre commun ennemi. Ils commencent Charleroi et Decazeville. Vous n'avez d'autre supériorité sur Basly que de ne pas savoir ce que vous faites.

III

LE CADAVRE

Quand M. Raoul Duval a voulu raconter les détails de l'assassinat de Watrin, une voix s'est écriée : « Nous savons cela ! » c'est comme si on avait dit : « Nous en avons assez de votre cadavre ! Il nous ennuie ! remportez-le ! » Eh bien, pour moi, ce cadavre me fait peur ; et, je le dis avec une profonde tristesse, le drame de Decazeville me fait moins peur que l'apologie de l'as·sassinat porté à la tribune par un député de Paris.

Je comprendrais qu'on fût venu dire : « Il s'est commis un crime abominable à Decazeville, un de ces crimes qui prouvent qu'entre le civilisé et le sauvage il n'y a trop souvent que l'habit. Que la justice fasse son devoir, non seulement pour rassurer la société, mais pour dégager de tout soupçon les ouvriers honnêtes, indignés comme nous tous de ce lâche attentat, et qui, n'ayant pas répandu ce sang, n'en doivent pas recevoir les éclaboussures. » Qu'on eût parlé ensuite des souffrances des ouvriers et de leurs griefs, — pour expliquer le meurtre, non pour l'excuser, — je le comprendrais encore ; car la colère ne doit jamais étouffer la miséricorde. Mais ce n'est pas cela. Il a fallu, à la honte éternelle des électeurs de Paris, qu'on apportât en pleine tribune l'apologie d'un tel acte !

Voilà une foule qui, pendant plus de quatre heures, pourchasse sa victime comme une meute traque une bête féroce. Quelle victime ? Un sous-directeur, coupable seulement, s'il est coupable, d'obéir aux ordres qu'il reçoit. A cinq heures, après l'avoir longtemps harcelé, elle commence à l'assassiner. Un émeutier, qui n'est pas un ouvrier, le poursuit jusqu'au premier étage d'une maison où il s'est réfugié et lui porte un coup d'embarre qui aurait pu l'assommer, et, par malheur, ne l'assomme pas. Il n'est que blessé, mortellement peut-être. Les deux ou trois courageux amis qui l'entourent le portent dans un angle de la pièce pour le mettre, s'il est possible, à l'abri des projectiles. Là, le maire, croyant le sauver par ce moyen, le supplie de donner sa démission, et, après beaucoup d'efforts, la lui arrache. Il s'empresse d'annoncer à la foule cette nouvelle qui, selon lui, doit tout apaiser. « Mes enfants, dit-il... » Quel cri lui répond du dehors?

« Ce n'est pàs sa démission qu'il nous faut ; *c'est sa peau !* » Ils montent à l'échelle, comme on monte à l'assaut ; repoussés, ils remontent d'un autre côté. Ils entrent ; ils le saisissent, ils le traînent par les cheveux, pendant que, de ses mains défaillantes, il cherche encore à se cramponner. Ils pourraient achever cet agonisant ; l'embarre qui a fait la première blessure est là, sous leurs pieds ; ils n'auraient qu'à la ramasser. Non, il appartient à la foule qui, d'en bas, hurle pour l'avoir. On le lui jette comme une proie par la fenêtre, et, aussitôt, elle se rue sur lui, elle le frappe, elle le piétine jusqu'à ce qu'il ait poussé son dernier cri, exhalé son dernier soupir. Il est

six heures et demie. On a mis une heure et demie
à le tuer !

« Mais, que parlez-vous d'assassinat, dit le
député de Paris? Watrin n'a pas été assassiné, il
a été exécuté. Ce que vous appelez de tous les
noms odieux n'est qu'une explosion de colère, et
de colère justifiée. » Là-dessus, il fait le procès
du mort. Si les ouvriers sont chassés, s'ils sont
exploités, s'ils sont volés, c'est par Watrin. Il va
jusqu'à lui faire un crime d'avoir fondé une société coopérative qui diminue, il en convient, la
cherté des vivres, mais qui, dit-il, asservit les
ouvriers et ruine les petits commerçants. On s'explique, en l'écoutant, qu'il ait fallu enlever clan-
destinement le cadavre. Quelques membres, à
droite ou au centre, lui crient de respecter la
victime, la loi, la vie humaine. « Mais tous les
jours, dit-il, le jury, votre jury, acquitte des
meurtriers qui n'ont fait, comme ceux-ci, que se
venger. Quand le meurtrier est acquitté, le
meurtre est absous. Ouvrez au plus vite vos prisons. Ceux que vous y détenez comme des coupables ne sont que des justiciers. » Il semble qu'il
ait hâte de porter ces justiciers en triomphe.
Il veut pour eux plus que l'impunité : il veut la

15.

victoire. Il rédige un ordre du jour qu'on dirait un ultimatum imposé à la société par l'émeute.

Ici, je ne saurais taire un morceau capital; c'est la comparaison des vainqueurs de Watrin avec les vainqueurs de la Bastille. Si vous ne voyez pas l'analogie entre la terrible forteresse et un sous-directeur de mines, entre une bataille et un assassinat, entre la conquête de la liberté et la suppression d'une société coopérative, comprenez du moins qu'il y a dans cette comparaison la volonté de transformer la bourgeoisie en une caste oppressive contre laquelle une révolution est nécessaire. Les journaux nous l'ont répété souvent depuis l'amnistie : « Nous écraserons les bourgeois à la fin du XIXe siècle, comme les bourgeois, à la fin du XVIIIe, ont écrasé les nobles et les prêtres. » C'est la doctrine, ce sont les sentiments qu'apporte à la tribune la dernière majorité électorale de la Ville-Lumière. Cela d'ailleurs ne pouvait manquer. Elle attendait l'occasion que l'assassinat de Watrin lui fournit. Ce discours complète ce vote… Le président proteste avec indignation; toute la Chambre est révoltée. Quand le porte-parole descend de la tribune, il ne trouve que trois députés pour l'applaudir. Je contaste qu'il n'y en a que trois. Je gémis qu'il y en ait trois. On leur crie : « Vous n'êtes que trois ! » Ils répondent : *Nous ferons des petits!*

Oh ! je n'accuse pas les trois députés qui ont applaudi de s'être rendu compte sur le moment de ce qu'ils applaudissaient, et lui-même, je ne l'accuse pas d'avoir su ce qu'il disait. Je crois avoir fidèlement résumé son discours, mais j'ai peut-être, en l'écoutant, entendu malgré moi la voix de son parti. Ce qu'il ne disait pas, ceux qui l'ont élu me le disaient pour lui. J'admets toutes les explications, toutes les atténuations. Il en reste assez pour trembler.

Le gouvernement s'est disculpé. Il n'en avait nul besoin. J'ose dire qu'il s'est trop défendu. On ne lui demandait que d'exprimer l'horreur commune. Qui donc, à ce moment-là, pouvait écouter des détails sur la loi de 1810, sur les tarifs de la Compagnie d'Orléans, et sur les actionnaires de Decazeville, qui n'ont pas touché de dividendes en 1885? Vous examinerez demain si les concessions du sous-sol doivent être cinquantenaires ou perpétuelles ; aujourd'hui, soyez les vengeurs du sang !

Les ministres ont annoncé l'un après l'autre qu'ils allaient s'occuper de la crise sociale. De cela je les loue. Il ne faut pas que le crime de quelques misérables nous empêche de porter remède à une situation qui va empirant chaque jour. On n'a que trop attendu. De 1789 à 1802, la Révolution a fait des règlements nouveaux pour des éléments anciens. Les éléments nouveaux datent de ce siècle-ci. Ils sont le produit d'une révolution plus profonde que l'autre, de la révolution scientifique. La révolution de la science a commencé après la révolution sociale, et l'a terriblement compliquée. Ce n'est ni la Constituante, ni la Convention, qui a jeté parmi nous ce nouvel élément, jusque-là inconnu au monde, qu'on appelle l'ouvrier de fabrique : c'est la vapeur. Les ateliers de mille hommes et au delà, la journée de dix heures, le travail de nuit, l'ouvrier de huit ans, les ouvrières enrégimentées et casernées, sont autant de nouveautés du XIXᵉ siècle ; elles en sont la force et la faiblesse, l'espérance et la terreur. Il manque un chapitre au code civil. On n'a pas réglé législativement les droits de ces nouveaux venus, on n'a pas étudié et classé leurs obligations, on n'a pas deviné leurs

besoins, compris leurs intérêts; et personne ne les
comprend moins qu'eux-mêmes. En un mot, leur
charte avec la société n'est pas faite; ils sont entrés
dans la civilisation avant d'être entrés dans la législation. Il semble, à regarder notre état social,
qu'on soit en présence, non d'un peuple, mais de
deux armées; d'un côté, on pense en barbares :
la guerre aujourd'hui, le despotisme demain! De
l'autre, on ne pense même plus : on érige le scepticisme en système, on l'accommode en poésie;
on dit à Raoul Duval : « Otez ce cadavre! » Les
plus respectables se consolent avec des rêveries
philanthropiques, qui font encore bonne figure
dans les distributions de prix.

Il y a à faire au plus tôt tout un livre du Code
civil, quelques lois mieux bâties que vos syndicats
professionnels, des écoles plus fortifiantes que
vos écoles neutres. Il est plus que temps d'en finir
avec le système de Chaumette, que vous avez
repris sous le nom de laïcisation et dont la
Révolution elle-même, la révolution de 1794, ne
voulait plus. Il faut, il faut ressusciter le maître
intérieur. Le cadavre de Watrin vous avertit que la
loi écrite ne suffit plus pour protéger l'ordre social.

Non, quand même on l'appliquerait!

VI

JACOBINS

I

CHASSONS QUI NOUS GÊNE

Je me demande quelquefois ce que je ferais si j'étais roi. Aujourd'hui, je fais un autre rêve. Je me demande qui je chasserais, si j'étais Madier-Montjau.

D'abord, je dois m'avouer à moi-même que je ne chasserais pas le duc d'Aumale. Je ne serai jamais assez Madier-Montjau pour cela. Il y a beaucoup de bons généraux en France, mais on ne saurait en avoir trop à mon avis. Le duc d'Aumale a peut-être des égaux, je n'en sais rien ; il n'a certainement pas de supérieur, c'est l'avis unanime de ses frères d'armes. Et puis, ce qui me touche particulièrement, il est le prince des bibliophiles, un genre de principauté que M. Marcou lui-même ne proscrit pas. Je cherche vainement en quoi l'expulsion du duc d'Aumale pourrait être utile à la gloire ou à la sécurité de la France.

Si je disais ce que je pense de ceux des membres de la famille royale que je connais, je passerais pour un courtisan, ce qui les amuserait bien, et moi aussi ; mais j'amuserais en même temps mes ennemis, et je tiens à les amuser le moins possible, n'étant pas chargé de faire leur bonheur. Grâce à Dieu, je n'ai pas besoin d'appartenir à un parti pour honorer les hommes de cœur et de talent qu'il peut avoir dans son sein. C'est même ma spécialité. Je passe ma vie à faire l'éloge de mes ennemis politiques, sans aucun espoir de retour.

La grande question pour moi serait de savoir si j'épurerais les Chambres. D'abord que ferais-je du Sénat ? Il y a huit ou dix jours, il ne voulait pas me laisser parler, il réservait toutes ses faveurs à MM. Journault et Clamageran, qui, d'ailleurs, en sont dignes sous tous les rapports. Il vote souvent contre mon avis. Cependant je ne puis me déterminer à me débarrasser d'hommes politiques désagréables, tels que Peyrat et Schœlcher, parce que ce sont d'honnêtes gens et d'excellents amis dont l'absence me désolerait. Il y a comme cela beaucoup de difficultés dans notre métier, monsieur Madier-Montjau. Vous par exemple, quoique nous n'ayons plus de relations ensemble depuis fort longtemps, vous m'êtes très cher, sans vous en douter. Je vous regarde comme un très brave homme. Vous êtes incontestablement un anachronisme ; mais j'ai des goûts archaïques. Il me plaît d'entendre en 1886 des discours qui auraient été à la mode en 1794. Vous avez parlé pour l'amnistie et contre les princes, ce qui n'est pas, tant sans faut, d'une logique admirable et d'une politique profonde ; mais beaucoup de gens savent comme moi que, dans le fond, ce n'est pas vous qui avez ramené M. Vaillant et chassé M. le comte de Paris. Restez ici sur le théâtre de vos exploits.

Nous pourrons travailler ensemble à chasser certains gêneurs. Vous savez d'avance que je ne vous aiderai à chasser aucun clergé. Mon Dieu, non : ni le clergé catholique, ni le protestant, ni le juif, ni le musulman. A plus forte raison, ne comptez pas sur moi pour l'expulsion des philosophes spiritualistes. Ce n'est pas que je sois clérical. J'ai pu me convaincre, la semaine dernière, en écoutant *Zaïre*, au Théâtre-Français, que je le suis moins que Voltaire; mais je ne veux ni ôter un frein aux méchants, ni priver les bons d'une consolation. Vous trouverez que je n'ai pas de rancune! Je ne veux pas en avoir. Les calomnies et les injures que les cléricaux ont amoncelées sur ma tête ne tiendraient pas en deux gros volumes. Que m'importe? Vous et moi, cher monsieur, nous ne pensons pas à nous. Nous ne sommes jamais préoccupés que du bien public.

Vous pensez bien que je n'oublie pas Cattiaux et Navarre, Vaillant, Chabert et Joffrin, Longuet et Alphonse Humbert. J'ai pensé à eux tout d'abord. Mais il faut faire ses épurations en homme d'État, non en fantaisiste. Je ne sais pas ce que vous pouvez penser de ces honorables membres du conseil municipal; pour moi, Vaillant et Joffrin sont très utiles. Je ne voudrais pour un empire ni les chasser, ni les réduire au silence. Loin de là, je me plains qu'on ne les entende pas plus souvent, et qu'on ne tienne pas plus de compte de leurs paroles. Celui qui disait l'autre jour à la Chambre des députés « qu'on n'a pas assez tué en 1793 » est mon bienfaiteur. Il fait plus, pour le progrès de mes idées, que tous mes articles et tous mes discours.

Chassons ensemble les repris de justice, les souteneurs de filles, les rôdeurs de barrières, les voleurs de grands chemins, ceux de la Bourse, ceux-là surtout, les placeurs d'actions fictives, les inventeurs de nouveaux Mississipis, les charlatans qui vendent des drogues pernicieuses, ceux qui vendent des denrées falsifiées, les auteurs qui enseignent l'immoralité, les directeurs des cafés-concerts où on chante des obscénités, les journalistes qui n'ont que des éloges pour la canaille et des injures pour les honnêtes gens...

Je m'arrête dans ma nomenclature, d'abord parce qu'elle est longue, et ensuite, et surtout, parce que je commence à rougir de moi-même. Comment! chasser les journalistes qui disent du mal des honnêtes gens! Mais, malheureux, c'est la liberté de la presse que tu attaques! Voyez-vous, Madier, nous sommes sur une mauvaise pente. A mesure que je cherche à m'identifier avec mon rôle d'épurateur, je me sens sollicité à des épurations vraiment excessives. On dit que l'appétit vient en mangeant. Vous en savez quelque chose, vous qui êtes allé des jésuites aux pauvres vicaires de campagne. Tomberais-je dans la même maladie? Il me prend des envies d'exiler les femmes laides, les hommes mal élevés qui vous marchent sur les pieds et vous font tomber dans la rue, ceux qui chantent avec des voix fausses ou parlent une langue corrompue, ceux qui n'aiment pas le grand style si français d'Émile Augier, la force comique d'Alexandre Dumas, la grâce d'Octave Feuillet, les feux d'artifice de Pailleron, la musique adorable de Gounod, les histoires de l'historien des petites Cardinal, la science armée d'esprit de Renan, la verve toujours jeune et charmante de Legouvé, les découvertes de Pasteur. Autre écueil, Madier. Voilà que je vais chasser tous les ennemis de mes amis. Convenez que c'est une fantaisie toute naturelle. Ce sont leurs ennemis qui me gênent. Les miens ne me gênent pas, ils m'amusent.

Plus elle est naturelle, plus elle m'effraye. Pourquoi chasser les ennemis de mes amis? J'ai tant d'amis, que cela me mènerait loin! Je suis sûr que, si je les consultais, ils ne m'en donneraient pas la commission. Renan ne croit pas avoir d'ennemis. Dumas mourrait d'ennui s'il n'en avait pas.

On dit que Caro n'aime pas à être houspillé ; c'est étonnant, parce qu'il est loué si souvent ! Cela le changerait. Au fond, cher Madier, méchante affaire que ces épurations. Le résultat est mauvais pour les épurés ; il est cent fois pire pour les épurateurs : il les déshonore et les déprave. Si nous voulons à toutes forces chasser qui nous gêne, bornons-nous à ceux qui ont leur chapitre dans le Code pénal, et rejetons la besogne sur les magistrats ; — sur les magistrats épurés, monsieur ! Je ne veux pas vous faire de la peine. — Pour moi, je n'ai fait que rêver des épurations, et je me sens déjà le cœur tout troublé ; vous qui avez trempé dans les épurations déjà faites, et tout au moins dans la dernière, vous devez en avoir le dégoût jusqu'aux lèvres. Ce n'est pas une carrière faite pour vous et pour les gens qui vous ressemblent. Voyez-vous d'ici Madier-Montjau inquisiteur ? Non, non. Revenons, cher monsieur, à vos premiers discours, et prêchons ensemble la fraternité. C'est plus républicain, je le crois ; et plus Français, j'en suis sûr.

NOUVELLES ÉPURATIONS

Il faut avoir raison à propos. En principe, M. Adolphe Magnien, que j'ai l'honneur de vous présenter, a raison; mais, dans la pratique, il commet une maladresse, puisqu'il frappe sur son propre dos, je veux dire sur le dos de la République.

Il propose de former une commission de onze députés chargés de reviser la liste des fonctionnaires en disponibilité qui ont appartenu, soit aux régimes déchus, soit aux gouvernements des 24 mai 1874 et 16 mai 1877. Ces députés feront deux parts de leurs justiciables. Ils mettront d'un côté ceux qui ont été disgraciés pour cause d'hostilité envers les institutions républicaines, et de l'autre, ceux qui l'ont été pour cause d'indignité ou d'incapacité. Ces derniers seront conservés dans leurs titres, pensions et honneurs; les autres seront immédiatement cassés aux gages.

M. Magnien assure qu'il en résultera une économie importante; mais il compte surtout sur l'effet moral. En voyant qu'on épargne les mauvais sujets et qu'on daube sur les réactionnaires, le pays comprendra qu'il a à sa tête un gouvernement énergique, et les fonctionnaires de tout ordre seront rappelés à leur dignité et à leur devoir.

M. Adolphe Magnien n'est pas le seul qui s'efforce de rappeler les fonctionnaires à leur dignité et à leur devoir, en les épurant.

La moitié au moins des députés de la majorité sont arrivés ici, en sortant des luttes électorales, avec ce mot à la bouche : « Épurons! » Ils croient y trouver le double avantage de se venger du passé, et de se fortifier pour l'avenir en donnant des places à leurs créatures. M. Magnien n'a que le mérite d'avoir parlé le premier. Je ne sais pas s'il sera approuvé de frapper seulement les fonctionnaires en disponibilité. Ils les a évidemment désignés pour la première hécatombe parce qu'ils émargent et ne travaillent pas; mais on peut lui objecter que ceux-là au moins ne font d'autre mal que d'émarger, tandis que les autres nous nuisent de deux façons : d'abord en émargeant, et ensuite en se servant contre nous de l'autorité que nous leur donnons. Répondez à cela, monsieur Magnien.

Je ne pourrais pas vous dire, cher lecteur, combien il y a de fonctionnaires en France. Personne ne le sait. C'est une armée plus nombreuse que l'armée. A cette armée, dans les rangs de laquelle il n'est pas une famille française qui ne compte un de ses membres, les épurateurs tiennent à peu près ce langage :

Vous avez, messieurs, des devoirs spéciaux et des devoirs généraux. Les devoirs spéciaux sont de faire votre école, ou de tenir votre caisse, ou d'inspecter les haras, ou de construire des ponts. Vous répondez à vos supérieurs de l'exécution de ces devoirs, et, selon que vous les remplissez bien ou mal, on vous récompense ou on vous punit.

Mais, en entrant dans une administration publique, soit par une simple nomination, soit à la suite d'un examen ou d'un concours, vous êtes entrés dans la grande armée des fonctionnaires, qui est l'armée de l'État. L'État vous fait vivre : vivre petitement, si vous êtes garde champêtre; grandement, si vous êtes trésorier-payeur général; mais, grandement ou petitement, il vous nourrit; vous lui appartenez. Il ferait beau voir que vous eussiez, vous, garde champêtre, une autre opinion que votre préfet, qui est quarante fois votre supérieur, puisqu'il a 20 000 francs d'appointements, tandis que vous n'en avez que 500. Ce serait de l'anarchie.

Vous croyez qu'il vous suffira d'être honorables dans votre conduite générale, réservés dans vos actes et vos paroles. Erreur! Ce n'est pas de la réserve qu'on vous demande; c'est de l'action. Vous ne pouvez pas être des ennemis; vous devez être des auxiliaires.

Vous dites qu'en République les hommes sont égaux. Les hommes, oui; les fonctionnaires, non. Vous êtes libres de donner votre démission; alors, vous voterez suivant votre fantaisie; mais, si vous restez fonctionnaires, vous voterez suivant la mienne. Vous me faites le sacrifice de votre opinion, et je vous fais celui de 500 francs, que je vous donne tous les ans pour être facteur rural.

Vous vous étonnez que la République soit plus épurante que la monarchie. C'est que vous ne savez ni la philosophie ni l'histoire. Si vous saviez la philosophie, elle vous apprendrait que le caractère propre de la démocratie est la défiance ; et, si vous connaissiez l'histoire de la Révolution, vous sauriez que les jacobins ont été très forts, uniquement parce qu'ils passaient leur temps à s'épurer et à épurer le reste de la nation. En général, les épurés étaient guillotinés ; mais on est d'accord pour trouver cette dernière mesure excessive. Elle est réprouvée par les honnêtes gens.

Ainsi parlent M. Magnien et les autres puritains de la Chambre des députés. C'est parler d'or.

Les fonctionnaires devraient comprendre ces raisonnements. Ils devraient même les aimer ; car, en faisant dans leur rangs des trouées profondes, la République les rappelle, selon l'expression remarquable de M. Magnien, à leur dignité et à leur devoir. Pour moi, j'approuve sans réserve les épurateurs et les laïcisateurs. Ce sont de grands logiciens. Ils sont épurateurs parce qu'ils préfèrent la République à la France, et laïcisateurs, parce qu'ils veulent rendre à leurs concitoyens le service de les débarrasser de leurs préjugés. Je ne discute donc pas leurs principes, qui sont en tous points admirables. Je me borne à dire qu'ils se feront à eux-mêmes beaucoup de mal en les appliquant. Ce sont des héros s'ils le savent, et des nigauds s'ils l'ignorent.

L'an dernier, on a procédé aux économies, c'est-à-dire qu'on a appauvri un très grand nombre de fonctionnaires. Il le fallait, pour combler le déficit. Cette nécessité prime toutes les autres. Il nous reste bien cette année, je suppose, un déficit de deux cent millions; mais le déficit de l'année passée était de deux cent vingt millions. Nous sommes donc en progrès; nous devons nous en féliciter, comme bons patriotes. Il a fallu pour cela tondre de plus près les contribuables, et ôter leur pain aux petits fonctionnaires. Que voulez-vous! nous aurons réduit le déficit de deux cent vingt millions à deux cent millions; tout le monde comprend bien qu'il en doit coûter quelques larmes. Les contribuables payeront davantage; les fonctionnaires recevront moins : c'est parfait;

16.

c'est même élémentaire. Espérons qu'ils n'en feront que mieux leur besogne, parce qu'ils ne
seront pas distraits par les plaisirs de la vie.

Mais, à défaut de l'aisance, qu'on ne peut plus
leur donner, ils auraient voulu la sécurité. Qu'ils
n'y pensent plus. Ils vivront désormais comme
l'oiseau sur la branche. Personne ne peut se
croire à l'abri quand les préfets écrivent, la
veille de l'élection, que l'administration a l'œil
sur ses agents; quand les ministres, pendant la
révision, déclarent qu'ils vont procéder à une enquête, et quand la Chambre, après la validation,
renvoie les dossiers au ministre de la justice,
afin que, ne pouvant supprimer les élus, il punisse
au moins les électeurs.

Voici un homme qui a fait un rengagement
comme sous-officier. Au bout de dix ans passés
sous les drapeaux, il est rentré dans ses foyers,
couvert de gloire et de cicatrices. On s'est bien
conduit envers lui; on l'a nommé garde champêtre, il porte le baudrier et le tricorne. Il touche
environ 500 francs par an, avec lesquels il s'ha-
bille, se nourrit, se loge, et élève sa petite famille. Tout à coup, on vient lui parler d'épuration, parce que M. Beaumetz n'a pas été réélu.

Qui dit épuration dit destitution probable, ou tout au moins possible. Il n'y a donc plus, dit-il, de sécurité dans le monde? On lui parle d'être républicain, mais il l'est depuis 1870. Auparavant, il était bonapartiste parce qu'il servait dans la garde. C'est, lui dit-on, que vous n'êtes pas républicain de la bonne façon. Vous votez pour Brisson; il fallait voter pour Clémenceau. Je ne sais pas, dit-il, pour qui j'ai voté. C'est M. le maire qui m'a donné mon bulletin. Soyez sûrs, monsieur Magnien et messieurs, qu'avec ces tracasseries, vous vous faites des ennemis déclarés des fonctionnaires que vous chassez, et des ennemis secrets de ceux que vous conservez.

Vous avez déjà mécontenté le clergé. Je ne dis pas que vous n'ayez pas eu raison contre lui, c'est une autre affaire; mais vous l'avez mécontenté, rien n'est plus certain. D'ailleurs, vous l'avez fait volontairement, et pour le punir de ses votes. Le clergé, en comptant les bedeaux, cela fait bien près de cent mille hommes. Ces cent mille hommes sont les chefs d'une armée qui partage leurs sentiments et obéit à leur impulsion. Vous ne pouvez vous dissimuler que vos économies, vos sévérités et vos laïcisations ont exaspéré tous les catholiques. Je n'entends pas par là (car il ne faut rien exagérer) les trente millions d'hommes et de femmes qui ont été baptisés, mais seulement les gens qui croient, soit à la vérité, soit simplement à la nécessité du catholicisme. Disons, au bas mot, dix millions de femmes et cinq millions d'hommes. — Permettez-moi de compter les femmes. Je sais qu'elles ne votent pas, mais elles font voter.

Si vous poussez dans les rangs de vos adversaires les catholiques, les magistrats, les percepteurs, les ingénieurs, tous les inspecteurs, tous les plumitifs, toutes les femmes, je me demande ce qui va vous rester? Les rentiers, probablement, pourvu qu'ils n'aient pas entendu parler des idées de M. Ferry.

Voici évidemment le problème que vous vous êtes posé : étant donné pour principe la souveraineté du peuple, et pour méthode le suffrage universel direct, fonder un gouvernement sur la désaffection générale.

Héros, ou nigauds?

III

LA CHAPELLE DE ROBESPIERRE

J'ai appelé la nouvelle loi sur l'instruction primaire une loi jacobine. Je prétends qu'elle est jacobine au premier chef, parce qu'elle impose des maîtres incrédules à des familles chrétiennes. Un de mes amis, qui est jacobin, m'a reproché d'avoir employé ce mot. (C'était avant la semaine dernière[1].) « Jacobine, dit-il! Vous faites un anachronisme. Il n'y a pas de loi jacobine, parce qu'il n'y a pas de jacobins. »

Quand même nous n'aurions pas eu la loi d'expulsion, cette querelle d'Allemand aurait ramené

1. C'est-à-dire avant la loi d'expulsion.

ma pensée sur la plus célèbre, et, n'en déplaise à mon ami, la plus persistante des sectes révolutionnaires. Mais, avant d'aller plus loin, je déclare hautement, parce qu'il faut rendre hommage à la vérité, que les jacobins de 1886 ne diraient pas, comme ceux de 1792 : « Notre *Credo* est Septembre. » Ils ne feraient pas, comme ceux de 1793, leurs oraisons « à sainte Guillotinette ». Les jacobins d'aujourd'hui n'ont rien de commun avec les justiciers de Decazeville. Ils font des expulsions, des dispersions, des désaffectations; mais ils ne tuent pas. Leur patron (je parle de Robespierre) avait deux façons d'agir avec la peine de mort : en théorie, il la condamnait; en pratique, il en abusait. Ils s'en tiennent à sa théorie, ce qui est honorable pour eux et agréable pour nous.

Ces précautions prises, je vais vous conduire chez les jacobins. Vous faites mine de traverser le pont de la Concorde? Ou de remonter du côté des boulevards? Non pas. Pas encore. Suivons la rue Saint-Honoré, et arrêtons-nous devant une maison mal bâtie et assez vieillotte, autour de laquelle bourdonne un essaim de spectateurs. Nous n'entrerons pas par la grande porte qui donne sur la rue. Nous prendrons dans la ruelle une porte bâtarde qui est celle des meneurs; quelque chose comme l'entrée des artistes. Ne vous arrêtez pas à regarder les statues des quatre évangélistes; elles ne sont pas de Jean Goujon, quoi qu'on en dise. Voici tout de suite l'escalier de bois, avec sa rampe de fer; un escalier raide, étroit, mal éclairé, où l'on ne peut passer que deux de front. Les marches sont sales, les murs crasseux. Nous apercevons par la lucarne un cloître tout nu, dont les arcades reposent sur des piliers massifs. Aucune échappée de vue, point d'ornements; çà et là quelques pierres tombales, ou déplacées ou brisées. Partout la tristesse et le délabrement. Nous entrons dans l'église, qui semblerait vaste si on ne l'avait pas encombrée de gradins et de galeries. A la place de l'autel, on a mis une estrade pour le président et les secrétaires. Devant l'estrade la tribune aux harangues. En face, les gradins circulaires pour les membres du club. Les galeries destinées au public cachent les fenêtres et aveuglent complètement la salle sur laquelle des lampes répandent une clarté blafarde. Il est sept heures du soir. Les galeries sont encombrées d'hommes et de femmes, de femmes surtout, qui s'appellent et causent bruyamment. Les jacobins commencent à arriver, l'air soucieux, affairé, important, comme gens occupés à envoyer les autres à la guillotine et à se préserver d'y être eux-mêmes envoyés. Il y a là des marquis en sabots et en carmagnole, des capucins défroqués qui affectent des airs de bons lurons, des bourgeois qui avaient rêvé une sage liberté en 1789 et qui hurlent avec les loups de peur d'en être dévorés, des ouvriers qui se croient hommes d'État et philosophes, et des hommes d'État qui ne songent qu'à se rendre maîtres du club, et, par le club, de la Convention et de la France. La plupart des assistants sont circonspects et taciturnes, semblables à des soldats qui guettent l'ennemi et flairent une embuscade. Mais, tout à l'heure, quand les acteurs favoris feront leur entrée, et quand on en viendra aux motions et aux discours, vous entendrez des applaudissements et des rugissements qui donnent le frisson. Nous sommes ici comme dans le cirque romain, où les spectateurs n'avaient qu'à lever le pouce pour condamner un gladiateur à la mort.

Quelles sont les femmes qui garnissent les tri-

bunes? Il n'y a pas là seulement les furies de la
guillotine, celles qu'on appelle les tricoteuses ;
mais des femmes de la bourgeoisie, bien élevées,
jusque-là modestes, et qui montrent tout à coup
une ferveur étrange pour « la messe rouge ».
Elles n'applaudissent les orateurs que quand ils
concluent pour l'échafaud. Michelet raconte que
la belle, l'éblouissante Julie T..., quand elle passait en voiture sur la place de la Révolution,
voyant l'échafaud, descendait, ôtait ses souliers,
marchait dans le sang.....

Le club n'est pas public. Pour pénétrer dans
l'enceinte, il faut exhiber sa carte de jacobin.
A chacune des trois portes, un commissaire surveille l'entrée. Regardez les membres pendant
qu'ils cherchent leurs places ; vous y reconnaîtrez
les hommes puissants de la Révolution plutôt que
ses grands hommes. Mirabeau, dans son temps,
n'y venait presque jamais ; Sieyès n'y est venu
que deux fois. Lui, si timoré et si réservé, il n'a
pas pu cacher son dégoût. Danton aussi ne vient
qu'à contre-cœur. Il est plus à l'aise aux Cordeliers. La pensée y est plus libre. C'est le club des
audacieux et des courageux. Ici, on surveille
et on se surveille ; on est soupçonneux, en-

vieux, haineux. C'est la chapelle de Robespierre.

Danton disait aux Cordeliers : « Que faut-il en révolution? De l'audace, encore de l'audace et toujours de l'audace. » Et Danton prêchait d'exemple. Robespierre n'avait pas d'audace. Il n'en eut que le 31 mai, où il mena l'attaque en personne, et la veille du 9 thermidor : la première fois, pour fonder sa dictature; la seconde pour défendre sa vie. Hors de là, il ne parut, à aucune des grandes journées, ni dans l'action, ni dans la préparation. A plus d'une, il s'opposa ; quelquefois, au contraire, il travaillait, mais dans l'ombre. L'affaire consommée, il arrivait avec les siens et prenait sa large part dans la curée ; il ne prenait pas l'argent ; ses mains sont nettes ; il laissait l'argent, s'il y en avait, aux impurs, prenait pour lui le pouvoir. Dévoré d'ambition et de haine sous son masque d'incorruptible, toujours prêt à pousser froidement sous le couteau son ami le plus fidèle s'il lui devenait un obstacle, il cheminait d'un pas lent, mais assuré, vers la dictature.

Le but des jacobins et de Robespierre n'était pas uniquement de changer le régime politique. Robespierre disait en 1791 : « Je ne suis ni monarchique ni républicain. » Jusqu'en juillet 1792,

les jacobins conservèrent leur titre d'amis de la
Constitution ; ils y tenaient. Ce qu'ils voulaient
changer, c'était la France. Ils voulaient en faire
un autre peuple. Ils n'entreprenaient pas, comme
les sectes socialistes, de supprimer la propriété
et la famille ; au contraire, ils affichaient de
grandes prétentions à l'austérité. Leur réforme
ne portait que sur les institutions politiques et
les habitudes de la vie. Ils s'étaient pris d'enthousiasme pour la république romaine, qu'ils arran-
geaient à leur façon en une sorte de république
spartiate, conception fausse, invraisemblable,
impossible, contraire à tous les instincts de la
nature humaine. C'est sur ce modèle qu'ils entendaient nous façonner. Une de leurs maximes était
qu'il faut avoir des mœurs républicaines en
république. Ils ne se disaient pas que, quand une
civilisation a duré pendant des siècles, il y a toutes
les chances pour qu'elle soit le produit légitime,
nécessaire, des besoins et des aspirations du
pays ; que, dans ce long espace de temps, elle a
dû pétrir le pays à son image ; qu'on peut la
réformer ; qu'on ne peut pas, qu'on ne doit pas
la supprimer. Ils ne comprenaient pas nos vertus
nationales, ils ne connaissaient pas les grandes

pages de notre histoire. Ils faisaient commencer
l'histoire de France au 10 août. Ils ne pensaient
à l'au-delà que pour le maudire. Mœurs, tradi-
tions, croyances, tout était condamné, tout était
conspué. Ils avaient la prétention vraiment
enfantine de traiter ce vieux et glorieux peuple
comme un peuple naissant. Ils le prenaient pour
une cire molle à façonner. Robespierre acceptait
le plan d'éducation de Le Pelletier, qui supprimait l'âme de la France, en créait une autre.

Ils disaient, comme tous les démagogues : « Le
peuple le veut; » mais ils n'étaient pas dupes de
leur formule. Ils étaient, et se savaient en infime
minorité. L'aveu en échappa, peu de temps après
le 2 septembre, à Chabot; le mot est curieux,
venant de lui : « Hâtons-nous, avant qu'ils se
comptent. » Cette minorité ne tremblait pas
devant la terrible tâche d'obliger vingt-huit
millions d'hommes à penser comme elle.

Elle n'était pas plus forte en philosophie qu'en
histoire. Sa doctrine, dont elle faisait une philosophie d'État, n'était qu'un ramassis de négations
apprises à l'école de Rousseau, avec quelques
sentimentalités du *Vicaire Savoyard*. Collot
d'Herbois avait raison de dire : « Notre *Credo* est

Septembre. » C'était leur *Credo*. En place de
doctrines, des négations ; en place de méthode,
l'extermination.

La Société et le maître lui-même, tout en ayant
sans cesse à la bouche le mot de doctrine et celui
de principes : « Les principes avant tout ! » changeaient au besoin de doctrine et de principes,
sans changer de ton. Collot et Chabot, Chabot et
Collot, le capucin et le comédien, chargés de
remplir la scène par des intermèdes quand le
grand prêtre n'officiait pas, acceptaient et propa-
geaient, le primidi, l'athéisme d'Hébert et de
Chaumette, et le duodi, sur un signe de leur
patron, ils envoyaient les deux blasphémateurs à
l'échafaud, en les accablant d'injures. D'apolo-
gistes, ils se changeaient en bourreaux, sans
sourciller, sans respirer. Le club austère des
jacobins a donné le premier exemple de réunir
dans les mêmes personnes le goût de la prédica-
tion et la mobilité des croyances : doctrinaires
et opportunistes tout à la fois. Michelet, un grand
esprit, non suspect de malveillance, résumait
ainsi leur histoire : « Ils soutenaient invariablement, de changement en changement, leur ortho-
doxie. » Immuables en ce sens seulement qu'ils

ne changèrent ni d'instrument, ni de maître ; fidèles jusqu'au bout à la guillotine et à Robespierre.

L'extermination ne fut d'abord qu'épuration. Ils en firent l'essai sur le suffrage populaire au moment des élections pour la Convention nationale. Robespierre fit chasser des assemblées primaires tous les signataires de la pétition des 8 000, et tous ceux de la pétition des 20 000. Les électeurs une fois nommés par ces assemblées primaires épurées et décimées, il les fit voter dans le local des jacobins, sous le prétexte, absolument dénué de fondement (il en vint en tout 820), que la salle de l'évêché était trop petite. Le résultat fut de mettre parmi les députés de Paris les inspirateurs et les organisateurs de Septembre, Marat, Sergent Panis...

L'épuration, qui lui avait si bien réussi du premier coup, devint dès lors son arme favorite. La séance du soir commençait toujours par des épurations. C'était à qui démontrerait son civisme en attaquant la tiédeur ou la trahison des autres. Le grand inquisiteur se taisait, conduisait tout. Il ne sortait de son mutisme que quand la victime était trop grande pour les accusateurs en

sous-ordre. Ces épurations étaient d'autant plus
redoutables, que les opinions du maître et celles
de la Société étaient plus variables. Ils se prétendaient modérés. Ils croyaient l'être en se com-
parant à Marat, à Hébert, à Varlet, qui tuaient
avec emportement, et eux avec réflexion. Il fallait être au point juste où ils s'arrêtaient. Rester
en deçà, aller au delà, crime égal, même péril.
Il ne suffisait pas de se soumettre, il fallait devi-
ner. Aucune hésitation, aucune nuance n'étaient
tolérées. On avait beau se rendre nul; on n'était
jamais certain d'être pur. De plus, il fallait du
zèle. Robespierre épura les électeurs; il épura
les autorités; il épura le club. Il commença, à
partir du 31 mai, à épurer la Convention, et ne
s'arrêta plus. Saint-Just, son fidèle, jetait les
yeux autour de lui quand il entrait dans la
salle, et comptait en lui-même ceux qu'il fallait
tuer.

Tuer! c'était déjà être mort que d'être rayé de
la liste des jacobins. Non seulement ils dispo-
saient des sections et de la commune, de l'accu-
sateur public, des jurés, du tribunal, mais la
société mère de Paris avait plus de deux mille
sociétés affiliées, de sorte que les arrêts de pro-

scription prononcés rue Honoré se répercutaient dans toute la France. Le comité de Salut public ne fut qu'une simplification de la méthode; le tribunal révolutionnaire, un perfectionnement.

Dogmatiser à tout propos, avoir, pour chaque circonstance, un dogme opportun; tirer à soi le profit des services que d'autres ont rendus; disposer, au nom de l'État, de la conscience des citoyens et de l'éducation des enfants; croire qu'on peut mettre la religion chrétienne hors la loi, comme un simple membre de la minorité; épurer la magistrature quand elle ne rend pas assez de services, et prononcer l'excommunication contre les citoyens dont l'échine ne se plie pas assez profondément devant le maître, c'est l'histoire des anciens jacobins, et le portrait des nouveaux. — Je reconnais que les nouveaux ont éliminé la guillotine. Ils font des îlotes; ils ne font plus de cadavres.

IV

QUATRE-VINGT-TREIZE

Vous dites, monsieur, que Quatre-Vingt-Treize a sauvé la France. C'est un axiome parmi ceux qui pensent comme vous. Je ne veux pas faire aujourd'hui le bilan de l'année terrible. Si elle a sauvé la France, dites-nous par quels moyens. Est-ce en versant à flots le sang innocent? Vous répétez à satiété le mot de Danton, qu'il fallait faire peur aux réactionnaires de Paris pour battre l'Europe à la frontière. Mais dites-nous si tant d'assassinats juridiques, tant de vieillards, de femmes, d'enfants massacrés, la condamnation de tant d'illettrés et de gens du peuple envoyés à la boucherie pour un propos qu'ils n'avaient pas compris ou qu'ils n'avaient pas tenu, dites-nous si tout cela était nécessaire pour faire peur aux aristocrates. Prenez le livre où M. Wallon a énuméré les victimes du tribunal révolutionnaire en disant les causes ou les prétextes de chaque sentence, et dites-nous, si vous l'osez, qu'on sauve un peuple par des égorgements sans raison, sans trève et sans pitié, et par une parodie infâme de la justice. Un peuple qui a de tels crimes dans son passsé n'a qu'un moyen, un seul, de se les faire pardonner, et c'est de ne les jamais pardonner lui-même.

Non, Dieu n'a pas fait du crime le marchepied de la grandeur. Dire pour glorifier la Terreur que le but était grand si les moyens étaient horribles, *ad alta per fœda et horrida*, c'est blasphémer. Quand on se jette dans la boue, on y reste; quand on se vautre dans le sang, on y étouffe.

Il y a deux révolutions françaises.

La première, celle de 89, qui a remplacé le privilège par le droit, le régime de la conquête par le régime de l'égalité, la religion d'État par la liberté de conscience, le pouvoir illimité par le pouvoir régulièrement établi dans la proportion

des besoins publics, les charges imposées par les
charges consenties, la justice vénale, variable
suivant les lieux et les personnes, sujette à l'intervention toute-puissante de l'autorité royale,
par une justice unique, uniforme, publique, garantie, indépendante;

Et la révolution qui a gardé le nom de Révolution de 1793, quoiqu'elle commence en 1792 et
finisse à peine en 1794; révolution qui ne tient
compte ni de la liberté de penser, puisqu'elle impose des doctrines et interdit l'exercice du culte ;
ni de la vie, puisque ses tribunaux jugent à mort
sans aucune règle pour l'instruction des procès
et sans appel; ni de la sécurité, puisque le domicile n'est plus inviolable et que les citoyens peuvent être arbitrairement inscrits sur la liste des
suspects et mis hors la loi; ni de la propriété,
puisqu'elle multiplie les confiscations judiciaires,
frappe des impôts sur les riches et soumet l'échange
des produits à la loi du maximum. On peut dire
de ces deux révolutions que l'une est le contraire
de l'autre. La révolution brutale est née le lendemain de la révolution libérale et elle n'a cessé de
lui nuire de deux façons : en la combattant et en
la déshonorant.

Elle lui nuit aussi en la domestiquant. Et ce procédé de domestication est celui que je redoute le plus, parce que c'est celui qui réussit le mieux.

Il y a des libéraux qui ne veulent pas voir la révolution brutale, ou qui attendent pour la reconnaître qu'elle soit très sérieusement et très effectivement à l'œuvre. Je les ai vus, dans toutes les crises, nier l'existence de ce voisin terrible, jusqu'au jour, jusqu'à l'heure où il leur mettait la main sur la gorge. Ce sont des gens qui étaient plongés dans la sécurité le 17 mars, et qui vous riaient au nez quand vous annonciez la Commune pour le lendemain, en vous disant : « Vous voyez rouge. » Ce sont eux qui vous répétaient, il y a quelques années, en parlant des condamnés de 1871 : « Non, pas de grâces : amnistie ! réconciliation ! » Ce sont eux encore qui s'obstinent à ne pas voir qu'on refait aujourd'hui la Commune par les procédés du 31 mai.

Ne les avons-nous pas pris, nous qui pensons, accueillant une mesure avec indignation la première fois qu'elle se présentait ; puis, la seconde fois, la repoussant tout doucement, et enfin la votant avec soumission la troisième fois ? Que dis-je, soumission ? Le soir, ils criaient victoire à

pleins poumons sans se douter qu'ils étaient les
vaincus de la journée. La domestication était complète. Ce n'est pas l'énergie de la Montagne qui
a fait la Terreur, c'est la bêtise et la couardise de
la Plaine.

Du 18 brumaire jusqu'à nos jours, 93 n'a guère
reparu qu'à l'état d'insurrection. Les deux insur-
rections les plus célèbres sont celles de juin 1848
et de mars 1871. Toutes les révolutions ont d'ailleurs côtoyé 1793; celle de 1830, celle de 1848,
qui a bien failli y sombrer; celle de 1870, qui
s'est défendue quatre mois par une suite de mi-
racles. La république actuelle, je parle de celle de
Gambetta, qui n'a que six ans, est la première qui
ait fait une place à 93 dans le monde officiel; une
bien petite place.

Où cela? Je vous le dirai tout à l'heure. Mais
laissez-moi écarter d'abord quelques broussailles.

Je sais que nous avions, dans la Constituante
de 1848, une Montagne. Ils étaient bien cinquante
qui se qualifiaient ou qu'on qualifiait de Montagnards. C'étaient de très braves gens qui se
jouaient à eux-mêmes de très bonne foi la comédie de la Montagne. Je pourrais vous en citer, et
des plus huppés, qui étaient aussi modérés et

presque aussi libéraux que vous et moi. Je vous accorde que M. Félix Pyat était un Montagnard de la bonne époque. Prenez aussi Proudhon, si vous voulez, quoiqu'il y ait beaucoup à dire. Prenez Barbès, puisqu'il s'est associé, dans un moment d'affolement, aux envahisseurs du 15 mai. N'allez pas jusqu'à Flocon et à Ledru-Rollin : car ils ont bien montré de quel côté ils étaient à l'époque des ateliers nationaux, et on vient de le leur reprocher durement au conseil municipal. Mais le reste ! ceux qui commençaient et finissaient toutes les séances en criant : « Des juges ! des juges ! » Ce n'étaient que des Montagnards pour rire. Je vous jure qu'ils n'auraient jamais remis la guillotine en permanence, et qu'ils n'auraient pas été pour les collages au mur de 1871. Ils croyaient nous faire peur en évoquant des souvenirs dont ils ne se rendaient pas bien compte ; mais, en juin, ils ont tous été de ce côté-ci des barricades. L'habit ne fait pas le moine.

La Montagne a poussé un cri et fait un manifeste dans la Chambre des députés actuelle.

Le cri, le voici : « On n'a pas assez tué en 1793. » Qui l'a poussé ? On ne sait. M. Floquet ne l'avait pas entendu. Quand le lendemain, un député de la droite en a demandé l'insertion au procès-verbal, personne ne s'est levé pour dire : « C'est moi! » Il a eu honte ou il a eu peur. Je le tiens pour nul.

Le manifeste, c'est l'apologie des meurtriers ou, comme il les a appelés, des justiciers de Decazeville. Oui, cette apologie, appuyée, en tout, par trois membres, est une apparition officielle de 1793 dans une assemblée officielle, légalement et constitutionnellement élue. Je la tiens pour très grave, dans un temps où les idées violentes ont quelque chance de s'acclimater par la persévérance des uns et l'idiotisme des autres. Cependant, ils n'ont été que quatre. Ils désirent évidemment que leur équipée soit oubliée. Je pense que le passé de 93 ne compte pas d'autres partisans, même sur la crête de notre Montagne. Cette Montagne-ci, comme celle de 1848, n'est qu'une Montagne de paravent.

Mais il y a un coin dans Paris où 93 existe ouvertement, officiellement; où il est encore en minorité, mais en minorité considérable; où il fait peu à peu des conquêtes parmi des hommes que leur éducation, leur situation devraient rendre

hostiles aux idées de bouleversement et d'anarchie; où il parvient assez souvent à faire passer
dans la pratique celles de ses doctrines qui
effrayent moins parce qu'elles sont moins com-
prises, et s'efforce de rendre les autres plus
familières et plus acceptables, en les répétant
à tout propos, sous forme de vœux ou de re-
grets. C'est un corps officiel, issu, comme la
Chambre, du suffrage universel direct, très nombreux, puisqu'il compte quatre-vingts membres
quand il siège comme conseil municipal, et s'ac-
croît encore, quand il siège commme conseil
général, des représentants des cantons suburbains.

Là, on défend déjà le drapeau rouge, « notre drapeau »; la révolution du 18 Mars, « notre révolution ». Arago y est qualifié de « féroce massa-
creur. » On y tolère à peine la mémoire de Ledru-
Rollin. On y commande aux instituteurs de raconter à leurs élèves les hauts faits de la Commune.
On y proscrit un livre de madame Fouillée, parce
qu'on y a trouvé le nom de Dieu. — Je me demande ce que dirait M. Joffrin si quelque réactionnaire s'avisait d'introduire dans les biblio-
thèques scolaires le discours de Robespierre en
faveur de l'Être suprême. — On envoie 10 000 fr.

aux grévistes de Decazeville, le lendemain de l'assassinat, en y joignant des témoignages réitérés de sympathie ; on demande au gouvernement de retirer la concession des mines à la Compagnie houillère de l'Aveyron ; on réclame avec persévérance le droit de disposer librement des finances municipales : 232 millions de revenu, qui dépassent souvent 400 millions par l'adjonction des fonds d'emprunt ; on propose, comme mesure toute simple et qui ne sort pas des attributions du conseil, de frapper un impôt sur la propriété foncière ; on supprime les crédits de la préfecture de police ; on met le préfet de la Seine à la porte de l'hôtel de ville. Un jour, c'est M. Longuet qui s'écrie que « les travailleurs » peuvent se suffire à eux-mêmes, et n'ont besoin de la direction d'aucune aristocratie, qu'elle soit scientifique ou capitaliste ; puis c'est M. Vaillant qui, dans un projet de loi, vise sans crier gare un arrêté du 19 avril 1871 sur la police des théâtres, moyen ingénieux d'acclimater dans nos codes la législation de la Commune de Paris.

Une autre fois, c'est la deuxième commission qui se présente dans les magasins de la ville « au nom de la mairie centrale » ; et, en effet, si la

mairie centrale n'est pas encore installée, elle est
depuis longtemps promise. Une loi vient de donner la publicité aux séances du conseil. On pouvait croire que les habitués des clubs allaient
s'engouffrer dans les tribunes de celui-ci; il n'en
a rien été; les tribunes sont restées vides, et le
parti des rassurés n'a pas manqué de railler nos
vaines alarmes. Attendez! cela durera tant qu'il
plaira aux membres de l'ancienne Commune qui
font l'ornement de la Commune nouvelle. Qu'ils
annoncent seulement « une bonne séance », et
vous verrez la solitude se peupler. On fera queue
jusque dans la rue. Quatre-vingt-treize se répon-
dra d'une tribune à l'autre. Joffrin donnera la
réplique à Basly; Vaillant à Michelin et à Camélinat. Dans une séance de cet été, le 29 juin si
je ne me trompe, le préfet de police ayant déclaré que les princes ont été régulièrement jugés
et condamnés, un membre, qui n'est pas le dernier du conseil, se mit à dire : « Malheureusement, il ne sont pas encore exécutés. » J'admets
qu'il n'ait pas pensé à ce qu'il disait. Les mots
malheureux abondent. Le préfet de la Seine in-
voque-t-il l'autorité du gouvernement? Un conseiller répond : « Le gouvernement, c'est nous! »

Encore quelques années, quelques mois peut-être, de cette audace d'un côté, de cette résignation de l'autre, et avec autant de raison que M. Thiers lorsqu'il disait à l'Assemblée de 1851 : « L'Empire est fait ! » nous pourrons dire : « La Commune de Paris est debout. Silence aux ruraux ! »

V

SILENCE AUX MÈRES !

Non, ce n'est pas en demandant des Congrès et des Constituantes, en réclamant à grands cris le régime de la Convention, en refusant tout subside au clergé, en gouvernant les finances au hasard, en multipliant les emprunts, en créant des impôts nouveaux, en désorganisant l'armée sous prétexte de démocratie, ce n'est pas en troublant et en effrayant, qu'un gouvernement parvient à s'établir d'une façon durable. On n'obtient, à coups de violences, que *des journées*. Si vous voulez non seulement arriver, mais durer, prenez le chemin contraire. Faites que la France vous désire, qu'elle compte sur vous pour rendre la sécurité aux personnes et aux intérêts ; devenez les ennemis des brouillons et des ignorants qui cherchent dans les bouleversements publics les éléments de leur fortune privée ; ne dites pas sottement que la question sociale n'existe pas ; ayez des yeux pour voir les souffrances de vos frères, et une âme pour y compatir. N'oubliez rien de ce qui peut rendre la vie au commerce, à l'industrie, à l'agriculture. Procurez aux ouvriers du travail et de bons salaires ; efforcez-vous de les faire participer aux bénéfices de leurs patrons ; logez-les dans des maisons qui ne soient pas des huttes de sauvages ; assainissez les quartiers où ils demeurent ; préoccupez-vous des blessés, des malades, des orphelins, des vieillards. Soyez la ressource des abandonnés. Songez que la société humaine ne doit se désintéresser d'aucune douleur humaine et que vos ambitions, vos compétitions, vos fureurs, vos élections d'ignares et de communards, lorsque tant de gens meurent de faim à côté de vous, ne sont pas risibles ou pitoyables, comme on le dit trop souvent : elles sont homicides ! A quand la fin de la tragédie ?

Je sais bien que, si vous écoutez les clubs populaires, on y parle le même langage qu'à la Chambre des députés. C'est, dit-on, le parti ouvrier; ce sont les revendications des ouvriers. Je n'en crois rien.

Il y a des ouvriers dans ces clubs; mais il s'y trouve aussi des hommes en blouse qui n'ont jamais manié ni le rabot ni le marteau; des récidivistes, des déclassés, des réfugiés, des entrepreneurs d'émeute, des aigrefins qui prennent ce chemin-là pour arriver à l'hôtel de ville et au Palais-Bourbon. Il n'est nullement démontré qu'on est un ouvrier parce qu'on se targue de parler au nom des ouvriers. Le véritable ouvrier est à son travail, ou en quête de travail. Il cherche les moyens de nourrir sa famille, et ne compte pas pour cela sur l'Assemblée unique et la confusion du pouvoir exécutif avec le pouvoir législatif. C'est un homme pratique; ce n'est pas un rêveur. S'il lui fallait une devise, il prendrait celle des mutuellistes de Lyon avant la révolte : « Du travail et du pain ! »

Et croyez-vous, par hasard, que les femmes soient si empressées de voter dans les élections contre leurs maris, ou d'échanger leurs vues politiques à la tribune de la Chambre avec M. Clémenceau et M. Rochefort? Croyez-vous qu'elles veuillent quitter leur maison et leurs enfants pour aller recevoir des injures dans les réunions électorales, et pour passer ensuite leurs journées dans les bureaux, les commissions, les réunions de groupes et les séances de la Chambre? Combien Paris a-t-il trouvé de candidates aux dernières élections? C'était à qui se refuserait, à qui se cacherait. On tremblait de se voir sur une liste à côté de Catherine Klootz ou de Théroigne de Méricourt.

Je ne parle pas des femmes du monde, qui ont autre chose à faire que d'être députées; ni des bourgeoises, qui ont leur ménage à tenir, leurs enfants à élever, qui se savent nécessaires dans ce rôle, et qui s'y trouvent heureuses. Plus des neuf dixièmes de femmes d'ouvriers, — ouvriers de villes, ouvriers de campagne, — ne pensent jamais à la politique; ou, si elles y pensent, c'est pour se rappeler qu'une révolution ne va pas sans le triste cortège des fusillades et des proscriptions. Elles savent que, pour ceux-mêmes qui n'y ont pris aucune part, elles entraînent de longs chômages, et par conséquent la misère.

Elles disent aux politiques :

« Nous avons besoin du travail de nos maris,

et vous nous les débauchez pour vos clubs et vos manifestations. Nous avons besoin de pain, et vous nous l'ôtez de la bouche, puisque vous faites fermer les ateliers. Nos enfants meurent dans nos bras, de faim et de phtisie. Vous nous laissez dans des taudis horribles, dans un air vicié, empesté, délétère. Nous avons l'instinct et le devoir de la pudeur, et vous nous entassez avec nos pères et nos frères dans la même chambre et sur la même paillasse. Quand il y a du travail, nous y vivons dans un encombrement qui engendre des épidémies, — épidémies vengeresses, car elles partent de nos galetas pour aller chez vous, vous punir de votre incurie et de votre dureté. Quand les fabriques chôment, comme aujourd'hui, celles d'entre nous qui ne peuvent fuir Paris restent, pour souffrir et mourir, dans ces garnis transformés en solitudes : ou bien, elles sortent le soir, en tenant leurs enfants dans leurs bras ou par la main, et vont chanter au coin des rues, dans l'espoir d'être assistées par un passant, ou menées au poste par un sergent de ville...

» Il n'y a plus de travail pour nous à domicile. La couture, quand on en trouve, ne donne pas un morceau de pain. Il faut être mécanicienne,

et, par conséquent, acheter un outil qui coûte
cher, avoir des yeux, avoir du jour. Les plus
favorisées trouvent de l'occupation dans les
fabriques. Elles y font des journées de dix heures,
et, pendant ce temps-là, vous n'ouvrez pas de
crèches et d'asiles en quantité suffisante ; nous
sommes forcées de confier nos enfants à une
voisine, ou de les laisser à la grâce de Dieu.
Vous avez, pour les plus grands, des écoles
laïques ; mais comment suivront-ils ces écoles, si
nous n'avons pas de pain à leur donner ? Puisque
vous les forcez d'aller à l'école, nourrissez-les,
où vous êtes des barbares...

» Vous élevez des statues dans Paris à tous les
grands hommes de la République ; vous y faites
des squares que vous ornez de fleurs, vous percez
de larges rues. Mais nos faubourgs restent salés,
obscurs, remplis de masures croulantes. Nous
y manquons de feu, parce que nous ne pouvons
pas en acheter, et d'eau parce que vous n'en
achetez pas pour nous.

» Nous avons une foi qui nous console et vous
fermez les écoles où nos enfants auraient appris
à la connaître. Vous nous rendez la terre inhabi-
table, et vous nous ôtez le ciel.

» Vous ne pensez pas même à nos malades ; ou, si vous y pensez, c'est pour laïciser nos hôpitaux, ce n'est pas pour les augmenter. Depuis trente ans que Paris s'est si prodigieusement accru, combien avez-vous créé d'hôpitaux ? Nous n'avons, en tout, que deux hôpitaux d'enfants pour plus de deux millions d'habitants. Tous les malades y sont dans une promiscuité mortelle, car vous n'avez pas songé à isoler les maladies contagieuses ou infectieuses. Vous n'avez aucun dispensaire municipal. Les salles de femmes dans les hôpitaux sont l'école et l'antichambre de la prostitution. Les maisons de débauche y ont leurs prédicateurs et leurs agents de recrutement. Vous n'avez rien fait pour protéger nos filles quand elles sont employées dans une fabrique. Si un ouvrier, un contre-maître, un fils de patron abuse d'elles, à moins qu'il n'y ait violence ou flagrant délit, votre société se déclare désarmée... »

Voilà le langage des femmes d'ouvriers, des vraies. C'est celui de la nature, celui de l'humanité. Il ne faut pas que les revendications et les colères des clubs nous empêchent de l'entendre.

Hélas ! pauvres femmes, nous n'avons pas le

temps de nous occuper de vous. Il faut savoir qui
l'emportera, des radicaux ou des opportunistes;
lequel, de M. Spuller ou de M. Blanc, sera vice-
président de la Chambre des députés; si les électeurs de Toulouse ont élu M. Duportal ou M. Du-
boul, et si ce sera M. Paul Bert ou M. Dautresme
qui présidera aux destinées du commerce. Il se
peut que vous ayez faim et froid, et que vos
enfants soient phtisiques; mais vous avez le scrutin de liste, et peut-être, dans un an, aurez-vous
l'élection des sénateurs par le suffrage universel.
Voilà les véritables questions, les questions politiques.

Quant aux questions sociales, il n'y en a pas.

Silence aux mères!

VII

LE SALUT

I

OU EST LE PÉRIL?

Les uns disent que le péril est à droite et les autres qu'il est à gauche.

Un ministre intelligent, après avoir dit pendant longtemps que le péril était à droite, a déclaré un beau jour qu'il était à gauche.

On l'a accusé de se contredire. Je crois, au contraire, qu'il a, ce jour-là, achevé d'avoir raison, et que le péril est en même temps à gauche et à droite. Bien plus, il n'est à droite que parce qu'il est à gauche. Supposez qu'à gauche on soit sage, on n'aura plus rien à craindre de la droite.

Ce n'est pas que la droite manque de force;

mais elle est profondément divisée. Tant que la gauche sera sage, la droite se divisera de plus en plus. Chacun voudra sa part. On s'accusera, on s'attaquera réciproquement. On fera, sans le vouloir, les affaires de la République. Mais supposez que la gauche devienne tout à coup redoutable pour la sécurité et la fortune des individus, que, par exemple, les réactionnaires voient devant eux une nouvelle Commune ou une nouvelle Terreur, croyez bien qu'à ce moment-là ils cesseront de se battre entre eux et qu'ils réuniront toutes leurs forces contre l'ennemi commun; et ces forces, ainsi réunies, pourront être irrésistibles. C'est pourquoi je dis qu'il peut y avoir péril à droite, mais qu'il n'y aura péril à droite que s'il y a péril à gauche.

Le malheur de beaucoup de républicains est d'aimer à jouer avec le feu. Ils se sentent sages et modérés. La République telle qu'ils la conçoivent, et telle qu'ils veulent très sérieusement la faire, est un excellent gouvernement. Ils jugent avec sévérité ces messieurs de la Commune. Ils affirment que les uns sont des utopistes et les autres des scélérats. C'est du moins leur langage des premiers jours. Mais ces modérés et ces pru-

dents s'apprivoisent peu à peu avec les exaltés.
Ils franchissent une première barrière, puis une
seconde, puis une troisième; et ils se trouven
insensiblement en communauté d'idées et d'action avec des hommes que, peu d'années auparavant, ils auraient envoyés à Nouméa. La République cesse alors d'être rassurante pour devenir
menaçante; et chaque pas qu'elle fait dans ce sens-
là marque un progrès de plus dans la cohésion et
la force des partis monarchiques. Il faut être bien
ensorcelé pour ne pas s'en apercevoir.

Pour prouver que les républicains marchent
toujours vers la gauche comme par un entraîne-
ment irréfléchi, je prends les élections pari-
siennes. D'abord les élections au Sénat. A un
certain moment, Paris se trouvait suffisamment
montagnard en nommant Héroïd, Victor Hugo et
Freycinet. Puis il lui a fallu le major Labordère,
M. Georges Martin, M. Songeon. L'ascension est
encore plus rapide pour le corps législatif. Non
seulement les anciens électeurs de Vautrain
nomment des communards connus et condamnés
comme tels, mais les tribuns les plus acclamés de
1877 sont obligés d'enfler terriblement leur voix
lorsqu'ils comparaissent devant leurs maîtres.

Gambetta a été battu à Belleville par M. Tony
Révillon; et tout récemment M. Sigismond
Lacroix, pour avoir dit que le drapeau de la
République était encore, ou était provisoirement,
le drapeau tricolore, s'est vu infliger un vote de
blâme. Sur un autre point de Paris, le chef de
l'opposition radicale a été accusé d'imbécillité,
aux applaudissements d'un auditoire immense.
Je ne puis comparer cette ascension continue des
électeurs parisiens qu'à la maladie de certaines
personnes qui s'habituent d'abord au vin, puis à
l'eau-de-vie, puis à l'absinthe, et finissent par ne
plus trouver de liquide assez violent, ni de mé-
lange assez horrible pour apaiser leur soif.

Mais on me dira que Paris est une ville passionnée, où les ouvriers conduisent les élections,
et dans laquelle l'amnistie a ramené tout ce
qui restait de la Commune. Prenons un autre
exemple. Voyez ce qui s'est passé au Parlement
depuis 1871. Rappelez-vous l'extrême gauche de
cette époque, et les cris qu'elle poussait quand on
l'accusait de connivence avec les insurgés de
Paris. Rappelez-vous le centre gauche, si timoré,
si effarouché, qui se garait comme de la peste de
tout contact avec la gauche. Nous savons ce que

cette extrême gauche et ce centre gauche sont
devenus à présent. Je conviens que ce ne sont
plus les mêmes Chambres; mais ce sont les mêmes
hommes, au moins si j'en crois leurs noms et
leurs figures. Quant aux opinions, elles ont fait
terriblement du chemin. Il devient de plus en
plus difficile de dire de quoi les intransigeants et
les radicaux pourraient s'effrayer. Le centre
gauche qui, il y a douze ans, ne prononçait le
nom de la République que du bout des lèvres,
s'est tellement rapproché des autres groupes de
la gauche, et tellement accoutumé à subir leur
domination, qu'il s'est en quelque sorte anéanti
de ses propres mains. La gauche elle-même, la
gauche républicaine, autrefois mesurée et sen-
sée, après s'être laissée mener très loin par Gambetta, s'est divisée depuis sa mort en une foule
de molécules destinés à masquer son adhésion à
la plupart des doctrines de l'extrême gauche.

Il ne faut pas vous laisser prendre par des
retours apparents qui ne sont que des révoltes de
la vanité ou des calculs d'intérêt.

Gambetta, qui n'a jamais été conservateur,
mais qui était devenu gouvernemental en devenant le gouvernement, a résolument coupé sa

queue. Les réactionnaires s'en sont montrés ravis
parce qu'ils sont un peu nigauds; mais, depuis,
on a coupé un si grand nombre de queues, à son
exemple, que le spectacle en est devenu vulgaire.
Je voudrais espérer qu'on a fini par comprendre
que Gambetta et ses successeurs n'ont pas peur
des folies, comme on s'en était flatté d'abord, et
qu'ils n'ont peur que des concurrents. Des propositions qui ont paru monstrueuses dans leur
nouveauté renouvelée de 1871 ou de 1793,
s'acclimatent rapidement, deviennent d'abord le
programme obligé de l'extrême gauche, et de là
se communiquent à toutes les autres gauches qui
les acclament après les avoir anathématisées.
C'est ainsi qu'on a avalé l'amnistie, la loi sur la
magistrature, les syndicats, la laïcisation, le service de trois ans et tout le reste. La suppression
du Sénat est acceptée sur les sommets et jusque
vers le milieu du côteau. La suppression de la
présidence vient par derrière et fera de grands
progrès à la fin de la présente année.

Le drapeau rouge, que vous avez tant maudit,
est chez vous, dans vos propres rangs; on vous
l'apporte déjà dans toutes les cérémonies. Vous
l'avez repoussé avec dureté, puis avec douceur.

Vous lui avez laissé prendre une toute petite place. Il en prendra une grande, pour que le symbole ait la même fortune que le parti et la doctrine. Je demande à mes concitoyens, tout simplement, d'ouvrir les yeux. Ils sont tout fiers de se dire : « Je n'ai pas peur d'une méchante loque. » Soit; vous n'avez peur de rien, vous êtes des braves. C'est, en effet, ce que je vous reproche. Vous ne vous effrayez guère avant d'être définitivement perdus. Si jamais la Commune met son pied sur vous, vous irez d'un bond demander protection à quelque César.

Vous agissez avec les hommes comme avec les idées. Je vous ai entendus, après avoir tant crié contre Gambetta, vous pâmer de joie en disant : « Il a coupé sa queue ! » Il en a été de même pour M. Ferry, qui, d'ailleurs, n'a jamais été sérieusement un croquemitaine, si ce n'est pour les bonnes Sœurs. A présent, vous préparez l'avènement de M. Clémenceau; car c'est vous qui l'annoncez, remarquez-le bien, comme si vous étiez chargés par quelque ennemi secret de tous vos intérêts et de toutes vos idées, de le rendre possible. Vous vous consolez à l'avance en disant : « Bah! il coupera sa queue comme les autres. »

N'y comptez pas trop; et, surtout, tenez pour certain que, tandis que vous marcherez ainsi vers la Convention, d'autres marcheront vers le Consulat.

Encore une fois, le péril est à gauche; mais, si vous continuez à le laisser grandir et à le préparer de vos propres mains, il passera à droite.

II

CE QUE VEUT LE PAYS

« Le pays veut ceci, le pays veut cela ; » voilà ce que journalistes et députés ne cessent de répéter au pays lui-même, qui n'en peut mais. On lui fait vouloir, à ce pauvre pays, les choses les plus contradictoires et les plus extravagantes. Il n'y a si obscur député qui ne sache le secret du pays, et ne se donne des airs de parler en son nom, en mettant le poing sur la hanche. « Le pays veut! »

Il veut, avant tout, qu'on chasse les congréga-tions. Pour la congrégation de Jésus, il le veut absolument. Pour celle des Sœurs de charité, il n'est pas aussi sûr de le vouloir. Il y a du tirage ;

mais on le travaille, et on ne tardera pas à déclarer qu'il veut chasser cette congrégation-là tout comme les autres.

Il veut aussi laïciser les écoles : il y tient par-dessus tout. C'est sa préoccupation de chaque jour. « Les écoles sont-elles enfin laïcisées? » Si l'on enseignait le catéchisme quelque part en dehors des églises, le pays ne se sentirait pas tranquille. Quand il retrouve un crucifix oublié ou épargné dans une école ou dans une salle d'hôpital, ou dans quelque salle d'audience, il se demande à quoi donc M. Waldeck-Rousseau et M. Martin-Feuillée passent leur temps.

Ce que le pays voulait, il y a trois ou quatre ans, c'était l'amnistie. Il se réveilla un matin tout enfiévré du désir d'amnistier les gens de la Commune. « Est-il possible? On ne les a pas encore amnistiés! » Il se trouva persuadé, ce matin-là, qu'il ne pouvait plus avoir une minute de tranquillité tant que les chefs et les soldats de la Commune seraient à la Nouvelle-Calédonie. Un de nos grands orateurs, qui partageait cette inquiétude, disait à la tribune : « Amnistie! amnistie! Allez où vous voudrez, dans les clubs, dans les salons, à Lille, à Marseille, dans les ateliers des villes, dans les veillées des villages, vous n'entendrez que ce mot : « Amnistie ! amnistie ! » — Le peuple le veut, » disait-il.

L'année suivante, ce fut le tour des juges. Le pays voulait les épurer.

Il avait admiré, dans un certain temps, des juges qui rendaient des arrêts et non pas des services. Mais ne vous y trompez pas, ce temps-là n'est pas ce temps-ci. Et les services dont il s'agit dans la réponse de M. Séguier auraient été des services rendus à la monarchie. Quelle horreur! Le pays veut avoir des juges qui rendent des services à la République. C'est bien différent, comme vous voyez. Ce qu'il lui faut à présent, ce sont des juges qui rendent des arrêts en matière courante, et des services en matière politique.

L'épuration judiciaire n'a peut-être pas donné ce qu'elle promettait; mais elle a occupé nos politiques pendant toute une année. Autant de gagné sur l'ennemi! Cette réforme faite, le pays s'est empressé de vouloir une chose nouvelle.

A une époque reculée, le pays a voulu aller au Mexique dont il n'avait jamais entendu parler; après quoi, il a voulu, avec rage, en revenir. C'est trait pour trait l'histoire de la Répu-

blique avec le Tonkin. Il pensait à je ne sais quoi,
le pays; à renverser le ministère probablement.
On lui a dit qu'il lui fallait le Tonkin pour sa
gloire et sa prospérité. Aussitôt il a voulu aller au
Tonkin. Tout à coup il a voulu en revenir. A présent, il veut y rester. Malheureusement, il n'y a
jusqu'ici que les os de nos soldats qui y restent.

Une des choses que le pays voulait le plus,
c'était la réforme sénatoriale. Il y avait seulement
quelque divergence sur la quantité. M. Clémenceau disait qu'on la voulait totale, et M. Ferry
soutenait qu'on la voulait modérée. Je crois que
M. Ferry avait raison, car il était ministre. Le
peuple ne voulait pas supprimer le Sénat, comme
le croyait à tort M. Clémenceau; il voulait seulement supprimer les inamovibles, et remplacer
les délégués communaux de M. Wallon par ceux
de M. Ferry. Il a varié sur ce dernier point.
Après avoir voulu *mordicus* l'échelle de M. Ferry,
il a donné ses préférences à l'échelle de M. Léon
Renault. Puis M. Demôle a proposé la sienne, que
le pays a aussitôt préférée. Il a fini par s'en tenir
à celle-là; mais, pour cette fois, il s'est montré
inexorable.

Vous croyez qu'il est content, à présent qu'il a

son échelle. Demandez à M. Hovelacque et à ses amis du conseil municipal. Ils sont bien là une trentaine, au conseil municipal de Paris, qui ont consulté le pays avec le plus grand soin, et qui savent à n'en pas douter que le pays veut la suppression du Sénat. Pourquoi y a-t-il des grèves à Decazeville et à Vierzon? Le Sénat. Pourquoi le chômage et la misère à Paris? Le Sénat. Pourquoi 200 millions de déficit? Le Sénat. Si le Sénat n'était pas là, nous n'aurions pas besoin de l'impôt sur le revenu. Nous l'établirions; mais ce serait seulement pour notre plaisir. Le pays veut aussi supprimer le président de la République et le remplacer pas le président du conseil municipal de Paris. Il veut absolument être gouverné par Paris et par le maire de Paris, qui est aujourd'hui M. Mesureur.

Nous autres, gens de peu d'imagination, nous nous demandons où M. Basly et les autres grands esprits de la politique, M. Michelin, M. Hude, M. Camélinat, lisent si clairemnt les volontés du pays. Serait-ce dans *la Lanterne?* Nous sommes moins favorisés. Nous avons beau prêter l'oreille, nous n'avons jamais entendu crier : « Amnistie! » comme le sénateur que ce cri poursuivait jusque dans ses rêves. Nous n'avons entendu maudire les juges que par les condamnés, et par certains accusés qui savent ce qui les attend. Nous ne connaissons pas d'honnêtes citoyens que la pensée d'avoir quelque part une poignée d'inamovibles tient éveillés pendant la nuit. La domination de Paris sur la province a ses partisans, mais nous ne savions pas qu'elle avait la majorité parmi les ruraux. Pour ma part, je suis émerveillé d'apprendre que le pays, qui est certainement républicain, sent le besoin impérieux d'avoir un maître, et que le maître de ses rêves est la commune de Paris.

Je confesse, pour être absolument sincère, et n'avoir rien sur la conscience, que j'ai entendu souvent crier : « Le cléricalisme, voilà l'ennemi ! » D'abord, celui qui l'a crié le premier est passé grand homme pour cela, et une foule de députés, de politiques d'estaminet et de polissons l'ont répété après lui avec quelque succès. Je reconnais aussi qu'il y a des gens en France qui haïssent les jésuites du fond de l'âme. Ils ont sans doute d'autres passions et d'autres haines, mais il n'ont pas d'autre politique. Ces gens-là, dont l'existence est avérée, sont-ils le pays, comme on le prétend? A-t-on le

droit de dire que le pays veut tout laïciser, à cause
de ces mangeurs de prêtres et de jésuites? Ce serait
bien exagérer, citoyens; car enfin, il reste bien en
France quelques millions de catholiques; vingt-
cinq millions au moins, en comptant les femmes.
Et, parmi ceux qui ne croient à aucune religion
positive, je suis persuadé qu'il y a encore deux ou
trois bons millions qui respectent la liberté des
autres et la croyance des autres; qui même ne
sont pas fâchés que les autres aient des croyances.
Cette statisque ne peut être contestée. Et on nous
dit : « Le pays veut! le pays a parlé! »

Non, messieurs les députés et messieurs les
sénateurs; on ne nous en fait pas accroire. C'est
vous qui avez parlé : ce n'est pas le pays. Il y a
bien quelque différence. Le pays n'a aucune des
volontés, ni aucune des joies que vous lui attri-
buez. Ce n'est pas lui qui a voulu la guerre de
Chine et les aventures de l'extrême-Orient; ce
n'est pas lui qui a voulu à l'intérieur l'agitation
religieuse. Si vous croyez que le pays est en-
chanté de voir ses représentants tout occupés de
rogner le traitement des vicaires de paroisses et
celui du grand chimiste Berthelot, de supprimer
les inamovibles et de remplacer l'échelle Ferry

par l'échelle Demôle, vous êtes dans la plus profonde erreur. Le pays s'en indigne, au contraire. Il ne comprend rien à vos cris, ni à vos fureurs, ni à vos désirs. Ou plutôt, il comprend tout, et il n'en est que plus irrité et plus dégoûté.

Chaque fois que vous revenez ici après les vacances, il ne se dit pas, comme vous le croyez : « Je vais enfin parler, par la voix de mes représentants. On va enfin connaître ma volonté! » Éclairé par une longue et fastidieuse expérience, il dit : « Voilà les agitations qui vont recommencer. Je vais subir la bataille pour les portefeuilles, agrémentée tous les quatre ans de la bataille pour les places de députés. » Et, pendant que vous laissez là le budget et les lois d'affaires pour des interpellations oiseuses et des déclamations sans portée, il se demande s'il n'y a pas quelques braves gens dans les Chambres qui n'ont ni un portefeuille à conquérir, ni une popularité à raccommoder, qui rougissent de nos aventures ridicules et de nos dilapidations criminelles; qui croient que la France a autre chose à faire que de choisir entre Ferry et Freycinet; quelques négociants honnêtes, habitués à avoir peur du déficit et de la banqueroute. Il se demande si ceux-

là dorment sur leurs bancs, si le tapage des autres
les terrifie, s'ils ne se lèveront pas enfin pour
exprimer sa vraie volonté, celle qui sort en ce
moment de toutes les poitrines.

Car il a une volonté, le pays, une volonté toute
différente de celles que vous lui prêtez si géné-
reusement, au gré de vos ambitions ou de vos
fantaisies. Il en a une, monsieur le ministre et
messieurs; et elle commence à être si générale,
que je vous conseille, en ami, d'y faire atten-
tion.

Le pays veut qu'on renonce à toutes les bali-
vernes, pour s'occuper enfin de ses affaires;
voilà ce qu'il veut. Il ne lui plaît pas d'envoyer
ses soldats frapper de grands coups quelque
part sur un coin quelconque de la Chine; il ne
lui plaît pas de voir l'agriculture aux abois, à
cause des emprunts et des impôts; il veut avoir
son armée chez lui, et son argent dans sa poche
ou en réserve dans le Trésor public; il trouve
que, quand on a un budget de trois milliards, il
faut être casanier et ne pas courir la pretantaine.
Il ne veut pas qu'on le mène à confesse malgré
lui; mais il n'entend pas qu'on l'empêche d'y
aller, si cela lui plaît.

Son avis est qu'il doit être le maître chez lui ; le maître de ses enfants pour les élever à sa mode, et non pas à celle de M. Paul Bert et de M. de Douville-Maillefeu. Il vous prie instamment de vous occuper des gens qui ont faim, des ouvriers sans travail, des industries ruinées par la concurrence étrangère, et des agriculteurs dont le blé ne se vend plus. Il se plaint d'être trop gouverné, et de n'être pas assez garanti contre les voleurs, les assassins et les pillards. Il dit parfois que vous n'avez d'énergie que contre les honnêtes gens. Quand vous croyez qu'il crie : « Amnistie ! amnistie ! » il crie : « La paix ! la paix ! la paix au dedans et au dehors ! Le dégrèvement ! le dégrèvement ! » Quand vous l'assurez que son malheur est de ne pas faire assez de politique, il éclaterait de rire, s'il pouvait rire encore au milieu de ses malheurs et de ses inquiétudes. Il fait bien assez de politique comme cela ; et il pense que vous en faites beaucoup trop pour son honneur et pour son bonheur.

III

AUTORITÉ! AUTORITÉ

Épurer, c'est ôter à l'ennemi, donner aux amis; c'est une opération de commerce, faite dans l'intérêt d'une coterie, le plus souvent malgré la justice, et presque toujours au détriment des intérêts publics. Les hommes politiques n'ont plus que ces deux règles de conduite : arriver, se maintenir. Cela leur tient lieu de conscience.

Arriver par le talent et le service rendu, ce serait l'idéal. Mais où est le juge du talent? Où, l'appréciateur des services? Les électeurs de 1885 n'élisent ni le duc de Broglie ni M. Ribot; Paris, en fait de gens capables, nous donne Michelin,

Raspail, Roque, Hude, Camélinat, Basly; la Ville-Lumière n'a que ce dessus du panier à nous offrir. Déjà, en 1869, M. Thiers et M. Jules Favre étaient restés sur le carreau à une première élection; même aventure, en 1873, à M. de Rémusat. C'est que des hommes de cette valeur ne cèdent pas aux affolements de la foule. Ils voient la vérité, et ils la disent. Ils songent aux intérêts permanents du pays, qui sont ceux de leur propre gloire. Les aboyeurs de clubs et d'estaminets ont autre chose à faire; ils ont une idole à servir, ou quelque sottise dont ils se sont engoués, et avec laquelle ils entraînent la masse ignorante, incapable, ingrate. Ce sera un jour la politique coloniale, et un autre jour, sans transition. l'évacuation immédiate du Tonkin : des sautes de vent à donner le vertige. Les glorieux philosophes qui acclamaient l'article 7, il y a quatre ans, acclamaient la liberté d'enseignement, il y a vingt ans, et toujours sans savoir ce qu'ils disaient. On arrive donc à la Chambre et au pouvoir à force de souplesse, c'est-à-dire par la nullité.

La tâche n'est pas finie quand on en est là; elle commence. On la continue par les mêmes moyens. On obéissait à la foule; on obéira aux élus de la

foule : le maître est changé, le laquais reste.
Vous cherchez pourquoi ce premier ministre s'est
donné un collègue décrié et incapable ? C'est qu'il
lui apporte un groupe. Former une majorité, et
la former, non en la saisissant, en la gouvernant,
en l'éclairant, mais en la suivant et en la flattant,
voilà désormais tout l'art de gouverner; la France
n'est rien. Le gouvernement, qui devrait donner
l'impulsion d'en haut, l'attend d'en bas.

Le moyen de nous sauver est dans vos mains.
Il ne faudrait que changer de rôle, et de laquais
devenir maîtres. Il y a dans la Constitution deux
sources d'autorité : la stabilité du président et la
responsabilité des ministres : qu'en faites-vous?
Trop souvent on a mis la versatilité à la place de la
responsabilité. Quand on aurait le devoir de tomber avec sa doctrine, de tomber glorieusement,
tout entier, comme un soldat à son poste, on
accepte d'une majorité sans boussole la doctrine
ou plutôt la folie du quart d'heure, et, là-dessus,
on dit triomphalement : « J'ai résolu le problème
d'un long ministère! » Eh! qu'importe que Pierre
ou Jacques dure longtemps, s'il ne représente rien ?
C'est toujours le même ministère, ce n'est jamais
la même pensée. Au fond, il n'y a plus de pensée

ni de doctrine ; il n'y a plus d'autorité ; il n'y a plus que des ambitions. Les ministres demandent à la Chambre ce qu'elle veut ; la Chambre demande aux électeurs ce qu'ils veulent ; et les électeurs veulent la lune.

Il faudrait, en ce moment, aller au plus pressé ; assurer la sécurité pour produire la reprise des affaires, parce que la prospérité industrielle donne seule du travail aux ouvriers, de bons salaires aux familles, et à la charité des trésors. Mais non ; ceux qui souffrent, et Dieu sait s'ils sont nombreux cet hiver, ne demandent pas qu'on suive cette vieille filière démodée ; ils veulent arriver au but par le chemin inverse : propager et faciliter les grèves, les organiser par la loi, abréger les journées, augmenter les salaires, sans se préoccuper de savoir si la caisse d'où ces salaires doivent sortir ne sera pas mise à sec par leurs exigences. Et nos supérieurs de dire : « Puisqu'ils le veulent, il faut le faire. Il vaut mieux leur plaire en les affamant que de leur résister pour les sauver. »

Même conduite au dehors. On avait besoin d'une diversion sanglante pour amuser les badauds. Ils la voulaient. La voici. On sacrifie à cet intérêt, qui n'est pas celui de la patrie, nos hommes et notre argent; notre vaillante jeunesse, si nécessaire dans les rangs de notre armée défensive. On donne tout l'argent de nos caisses, plus d'argent même qu'il n'y en a (et l'argent, en politique, c'est du sang). L'armée décimée, le trésor vidé, l'avenir engagé, voilà ce que nous coûte l'ambition de quelques médiocres avocats qui, étant devenus ministres, ont voulu donner au pays, on voit au prix de quels sacrifices, la fête d'un long ministère. Une victoire qui coûte beaucoup et ne rapporte rien est incontestablement une défaite, mais c'est une défaite cachée sous des lauriers. On la chante, on l'exalte, jusqu'à ce qu'on en meure. On met l'organisateur sur le pavois, sauf à le traîner dans la boue lorsque, toutes les fanfares terminées, on se trouve face à face avec la carte des frais.

Toute l'armée des fonctionnaires se conforme à l'exemple des ministres. *Regis ad exemplar.* Un mot parti de la place Beauvau est répété dans toutes les préfectures. Le lendemain, c'est un autre ministre et un autre mot; et c'est la même obéissance, quoique ce soient les mêmes préfets. S'il reste quelque part un préfet un peu raide d'échine qui répète le mot d'hier quand tout le monde en chœur répète le mot d'aujourd'hui, on le casse, on le chasse. C'est un intrigant qui a des idées; un gêneur qui a des inimitiés; un idiot qui ne marche pas avec le siècle. Il laisse en disparaissant une place vacante; bonne proie à saisir pour les impuissants dont il obstruait la route et pour les fainéants d'estaminets qui se sont enroués dans les élections. Les fonctionnaires, instruits par ces exemples, savent qu'il s'agit moins de faire de bonne administration que de servir un homme, une coterie, une fantaisie; qu'on arrive pour rien, et qu'on tombe aussi pour rien; que personne n'est solidement assis à sa place; qu'il suffit d'un député, fût-il bête, ou d'un journaliste, fût-il véreux, pour renverser le préfet le plus honnête et le plus habile. N'avons-nous pas entendu un ministre dire : « Obéissez-moi, car je durerai ! » Il donnait la meilleure des raisons pour son auditoire, si ce n'avait pas été, de sa part, une illusion. Dans cette instabilité universelle, la solidarité disparaît, parce qu'on n'est pas fidèle aux hommes quand on ne l'est pas aux principes. On dénigre ses supérieurs; on lâche ses subordonnés. Tel général demande 60 000 hommes pour son

armée quand il la commande, et n'en veut plus
que 6000 pour son successeur.

Vous parlez de réforme? Réformez-vous. C'est
la première et la plus nécessaire de toutes les réformes. Vous criez sans cesse qu'il faut être républicain en république; je l'ai toujours cru; et
j'avais cru jusqu'ici qu'un républicain était un
homme qui s'oubliait pour la patrie. Je rêvais un
républicain dont les mains étaient nettes, qui
vivait chez lui modestement, avait des mœurs régu-
lières, élevait sa famille dans le respect de Dieu
et l'amour de sa patrie, n'acceptait une fonction
que quand il se sentait capable de la bien remplir,
et n'avait en vue dans tous ses actes que l'intérêt
commun et durable, jamais la passion éphémère.
Je ne reconnais pas la République dans Barras.
Un républicain qui se vend aux électeurs se vendra
au dictateur. Vous n'avez pas fait seulement la
laïcisation dans les hôpitaux et dans les écoles;
vous avez, à l'excès, laïcisé les âmes. Elles n'ont
plus d'autre Dieu que le lucre, et d'autre règle
que l'appétit. Vous êtes opportunistes en morale
comme vous l'étiez en politique. Vos mœurs pri-
vées ne valent pas mieux que vos mœurs publiques.
Vous ne savez plus mépriser, parce que vous ne

savez plus vous sacrifier. Vous avez des arts qui
n'échauffent ni ne relèvent, une littérature qui ne
se charge que de vous désennuyer ou de surex-
citer vos mauvais instincts. Vos philosophes mêmes
tiennent à honneur de mettre tout en question, et
d'enseigner le scepticisme aux éphèbes. Ah! peuple
de décadence, grand peuple pourtant si on savait
te relever et te conduire, tu te crois maître de tes
destinées parce que tu les remets ridiculement
aux mains de Camélinat et de Basly; maître de ta
pensée, parce que tu ne sais plus croire à rien.
Tu as perdu l'habitude d'être gouverné, au dehors,
par un gouvernement; au dedans, par une
croyance. Le spectacle de la Révolution ne t'a pas
encore appris que la première condition pour
être libre est d'avoir un gouvernement fort et des
mœurs sévères.

IV

SI J'ÉTAIS ROI!

Si j'étais roi, je prendrais tout l'argent de ma
liste civile, je ferais venir un architecte, et je lui
commanderais d'abattre tout un quartier de la
ville et de le reconstruire aussitôt sur un nouveau plan. Ce serait pour les gens qui ne peuvent
ni payer mille francs de loyer, ni se passer d'air
respirable. Le revenu s'accumulerait tous les ans
pour bâtir de nouvelles maisons. Je commence-
rais par là, quoiqu'il y ait peut-être des réformes
plus urgentes, parce que, l'affaire dépendant de
moi seul, je n'aurais besoin pour en venir à bout
ni de mon Parlement ni de mes ministres, et que

je ne serais pas obligé d'attendre cinq ans pour poser la première pierre.

Je mettrais tous mes soins à me faire une belle armée. D'abord, toute la nation serait exercée, organisée et prête pour la défense ; et il y aurait en outre une armée active, où on resterait long-temps, où tout le monde n'entrerait pas, parce que les mauvais soldats ne font que gêner les bons, où on aimerait son métier, où on aimerait la France par-dessus tout ; une armée bien équi-pée, bien munie de toutes choses, bien aguerrie, bien commandée et bien encadrée. Je rendrais les sous-officiers si joyeux, et surtout si fiers de leurs galons, qu'ils ne voudraient plus à aucun prix quitter le régiment. Quand on en aurait trop, on les contraindrait à tirer au sort, et ceux qui auraient de mauvais numéros deviendraient per-cepteurs.

Je n'aurais d'autre luxe pour mes écoles que de les remplir de bon air, de bon soleil et de bons livres où je n'effacerais pas le nom de Dieu, comme un conseil municipal que je connais. J'enseignerais à tous les enfants à se servir utile-ment de leurs mains, et je les habituerais à se servir tous les jours de leurs jambes. Je ne

m'empresserais pas de remplir leur magasin,
c'est-à-dire leur cerveau, mais je leur donnerais
le moyen de faire plus tard de bonnes provisions
à peu de frais.

Je donnerais un peu de sécurité aux fonctionnaires, puisqu'on ne peut guère leur donner que
cela dans le délabrement où sont tombées nos
finances. Je destituerais les indignes et les incapables, mais avec des formalités protectrices des
droits acquis et des honnêtes gens calomniés. Je
prendrais à tâche dans un intérêt de justice, et
surtout dans l'intérêt général, d'employer au
service de l'État tous les citoyens qui auraient de
la capacité et de l'expérience. Je ne me charge-
rais pas de la carrière des habitués du café de
Madrid.

Je soustrairais les magistrats à la toute-puissance de mon garde des sceaux. Je leur donnerais
la véritable inamovibilité, qui les garantirait à la
fois contre les destitutions scandaleuses et contre
les avancements scandaleux. A l'heure qu'il est,
le garde des sceaux, qui ne peut pas les briser,
peut les combler. J'aurais un autre souci : je
respecterais la chose jugée pour rendre son effi-
cacité au Code pénal, qui ne doit pas être un

Croquemitaine dont on fait peur aux enfants et dont les gens bien avisés se moquent. On tue trop dans notre pays. Je mettrais ordre à cela. Il serait permis à un préfet et à un directeur de travaux de compter sur le lendemain. Au contraire, cela ne serait pas permis à MM. les assassins, ni à MM. les récidivistes.

Je me moquerais des réactionnaires qui veulent supprimer la liberté de la presse parce qu'il y a une mauvaise presse. La presse serait sous mon règne parfaitement libre et très effectivement responsable. Si elle calomniait les honnêtes gens et si elle poussait à la violation des lois, elle apprendrait ce qu'il en coûte.

Je dirais comme Robespierre, pour lequel je n'ai d'ailleurs aucune dévotion, que celui qui empêche de dire la messe est plus fanatique que celui qui la dit. Je trouverais très bon que les églises, les temples et même les mosquées fussent fréquentés. Non seulement je protégerais tous les cultes, mais je regarderais tous les prêtres comme des auxiliaires du gouvernement, puisqu'ils sont les prédicateurs du bon ordre et les consolateurs de ceux qui souffrent. S'ils essayaient de transformer la religion en instrument politique, je les

ramènerais tranquillement et immédiatement à
leur rôle, qui est un très beau rôle. Je n'aurais
besoin pour cela que des lois existantes, et je les
interpréterais dans un sens libéral, parce qu'elles
ont été faites contre la liberté. Je suis un peu de
l'avis d'André Chénier, qui disait : « Les prêtres
ne troublent pas les États quand on ne s'occupe
pas d'eux ; et ils les troublent toujours quand on
s'en occupe, de quelque manière qu'on s'en
occupe. » Ma grande politique avec eux serait
de les laisser tranquilles, et de les prier poliment de me laisser tranquille de mon côté.

Si d'excellentes filles voulaient consacrer leur
temps et leur argent à recevoir chez elles des malades ou des orphelins, à les nourrir, à les soigner,
à les consoler, je ne regarderais pas ce dévouement comme un péril pour la société. Si elles en-
traient comme infirmières dans les hôpitaux, ou
si elles se dévouaient à courir du matin au soir,
et quelquefois du soir au matin, dans les gre-
niers mal joints, dans les caves malsaines, partout
où on souffre de la faim et de la maladie, pour y
porter des remèdes, du pain, de l'argent ou de
bonnes paroles, je ne me croirais pas obligé de
mettre un terme à leur bonne volonté et à leurs

bons offices parce qu'elles auraient un crucifix de
bois pendu au cou. Je ne dirais pas aux prêtres et
aux religieuses : « Vous pourrez faire du bien hors de
France, parce que le bien que vous faites profite à
mes sujets, à ma bonne renommée et à ma puissance ; mais, si vous faites le même bien en France,
je vous déférerai à la police correctionnelle. » Je
ne leur dirais jamais : « J'aurai deux politiques
à votre égard, celle du dehors, qui sera protec-
trice, et celle du dedans, qui sera persécutrice. Je
vous appliquerai, au dedans, la dispersion, l'expulsion et la laïcisation ; mais, si vous passez la
frontière, même pour aller dans mes colonies,
vous serez à l'abri de tous mes décrets, parce que je
n'en fais pas un article d'exportation. » Non, je
ne leur tiendrais jamais un langage aussi ridicule.
Je ne serais pas divisé contre moi-même. Je
n'empêcherais personne de faire le bien, et de me
faire du bien.

Vous voulez savoir si je permettrais les élections
odieuses et grotesques qui déshonorent depuis
quelque temps les grandes villes. Mon cher monsieur, ce serait le grand souci de mon règne. Il y
a une chose bien établie, c'est que nous avons vu
des Chambres, je ne dis pas où, je ne dis pas

quand, avec lesquelles il était impossible de vivre.
D'un autre côté, vous ne voudriez pas me proposer
de revenir au cens électoral ou aux plaisanteries
de l'Empire, qui dressait la liste de ses députés
au ministère de l'intérieur. Croyez-vous qu'un gouvernement sincère et fort, comme serait le mien,
disant ouvertement son avis sans l'imposer, et
ayant la renommée de faire de bonnes choses,
n'obtiendrait pas de bonnes élections? C'est une
épreuve à faire, puisqu'elle n'a pas encore été faite.
En tout cas, si j'ai un projet et si vous êtes mon
ami, vous ne me conseillerez pas de le faire discuter à l'avance et de lui ôter les grâces de la nouveauté et de la surprise.

Il me semble que je vous en ai dit assez pour
montrer dans quel sens je gouvernerais, si j'étais
roi. Donnez-moi un bon point pour ne vous avoir
pas parlé des finances. Si j'avais dit que je veux
réduire les dépenses, multiplier les dégrèvements
et renoncer aux emprunts à tout jamais, vous
m'accuseriez de chanter la même antienne que
les autres et d'avoir dans ma poche quelque projet
de consolidation des bons du Trésor. Mais je n'ai
pas soufflé mot de tout cela. C'est tout au plus si
je vous glisse à l'oreille que je prendrais un mi-

nistre des finances qui saurait ce que c'est. Je ne lui demanderais que de voir clair et de parler net.

« Oh! le malheureux, s'il voit clair! vous écriez-vous. Et le courageux, s'il parle net! On le brisera comme verre; et, de plus, on brisera le sot roi qui l'aura nommé. »

Monsieur, je ne dis pas le contraire; et, en ma qualité de bon républicain, j'ajoute que, si on me brise, on n'aura pas tort. Pourquoi prend-on un roi? C'est pour le briser.

En avant les barricades !

FIN

TABLE

I. — PROLOGUE

I. — La patrie.. 3
II. — Le suffrage universel............................ 12
III. — L'art de devenir député........................ 17
IV. — Le théâtre avant la pièce....................... 26

II. — TABLEAU DE LA TROUPE

I. — Paul Bercier.. 37
II. — La quatrième sans-culottide.................... 49
III. — Sieyès.. 57
IV. — Une tempête dans un fiacre..................... 65
V. — Faquinet... 73
VI. — Valradieu... 83
VII. — Changement de front........................... 91
VIII. — Amyntas... 100
IX. — Sous l'œil des barbares......................... 110

III. — LE CLÉRICALISME, VOILA L'ENNEMI

I. — Le budget des cultes............................. 122
II. — Le recrutement du clergé....................... 131

III. — La République et l'Église...................... 139
IV. — Le Concordat de 1801 147
V. — Concordataires.................................. 159
VI. — Néo-concordataires............................ 171
VII. — L'archevêque................................. 179
VIII. — Neutralité................................... 186
IX. — Les écus du baron............................. 196

IV. — LA QUESTION D'ARGENT

I. — La discussion du budget........................ 213
II. — Le budget des écoles.......................... 224
III. — Le petit sou................................. 232

V. — LA QUESTION SOCIALE

I. — Le vœu de la France............................ 245
II. — Jacqueries.................................... 249
III. — Le cadavre................................... 258

VI. — JACOBINS

I. — Chassons qui nous gêne......................... 270
II. — Nouvelles épurations.......................... 276
III. — La chapelle de Robespierre.. 285
IV. — Quatre-vingt-treize........................... 297
V. — Silence aux mères............................. 308

VII. — LE SALUT

I. — Où est le péril................................ 310
II. — Ce que veut le pays........................... 327
III. — Autorité ! autorité!......................... 337
IV. — Si j'étais roi !.............................. 345

BOURLOTON. — Imprimeries réunies, B, rue Mignon, 2.

9 782016 120019